Teamwork, Teamdiagnose, Teamentwicklung

Praxis der Personalpsychologie
Human Resource Management kompakt
Band 8

Teamwork, Teamdiagnose, Teamentwicklung
von Prof. Dr. Rolf van Dick und Prof. Dr. Michael A. West

Herausgeber der Reihe:
Prof. Dr. Heinz Schuler, Dr. Rüdiger Hossiep,
Prof. Dr. Martin Kleinmann, Prof. Dr. Werner Sarges

Teamwork, Teamdiagnose, Teamentwicklung

von
Rolf van Dick und Michael A. West

2., überarbeitete und erweiterte Auflage

Prof. Dr. Rolf van Dick, geb. 1967. Studium der Psychologie in Marburg. 1995 Promotion. Seit 2006 Professor für Sozialpsychologie an der Goethe Universität Frankfurt am Main. Davor Professor an der Aston University, Birmingham. Gastprofessuren in Tuscaloosa, USA (2001), auf Rhodos, Griechenland (2002) und in Katmandu, Nepal (2009). 2008-2011 Prodekan und seit 2011 Dekan am Fachbereich Psychologie und Sportwissenschaften. Direktor des Center for Leadership and Behavior in Organizations (CLBO). Arbeitsschwerpunkte: Intergruppenprozesse zwischen ethnischen Gruppen (Akkulturation, Kontakt und Vorurteile) und in Organisationen (Mergers & Acquisitions, internationale Zusammenarbeit, Stress).

Prof. Dr. Michael A. West, geb. 1951. Studium an der University of Wales, 1977 PhD. Seit 2011 Professor für Organisationspsychologie an der Lancaster University, davor Professor (und von 2007-2011 Dean) an der Aston Business School. Fellow der British Psychological Society (BPS), der American Psychological Association (APA), der APA Society for Industrial/Organizational Psychology und der Royal Society for the Encouragement of Arts, Manufactures and Commerce. Arbeitsschwerpunkte: Teamwork und Innovation in Organisationen.

Bibliografische Information der Deutschen Nationalbibliothek
Die Deutsche Nationalbibliothek verzeichnet diese Publikation
in der Deutschen Nationalbibliografie; detaillierte bibliografische
Daten sind im Internet über http://dnb.dnb.de abrufbar.

© 2005 und 2013 Hogrefe Verlag GmbH & Co. KG
Göttingen · Bern · Wien · Paris · Oxford · Prag · Toronto · Boston
Amsterdam · Kopenhagen · Stockholm · Florenz
Merkelstraße 3, 37085 Göttingen

http://www.hogrefe.de
Aktuelle Informationen · Weitere Titel zum Thema · Ergänzende Materialien

Das Werk einschließlich aller seiner Teile ist urheberrechtlich geschützt. Jede Verwertung außerhalb der engen Grenzen des Urheberrechtsgesetzes ist ohne Zustimmung des Verlags unzulässig und strafbar. Das gilt insbesondere für Vervielfältigungen, Übersetzungen, Mikroverfilmungen und die Einspeicherung und Verarbeitung in elektronischen Systemen.

Umschlagbild: © Bildagentur Mauritius, Mittenwald
Satz: ARThür Grafik-Design & Kunst, Weimar
Druck: AZ Druck und Datentechnik GmbH, Kempten
Printed in Germany
Auf säurefreiem Papier gedruckt

ISBN 978-3-8017-2481-8

Inhaltsverzeichnis

1	**Teamwork, Teamdiagnose und Teamentwicklung**	1
1.1	Einführung und Begriffe	1
1.2	Definition	3
1.2.1	Teams	3
1.2.2	Teamdiagnose	8
1.2.3	Teamentwicklung	9
1.3	Abgrenzung von ähnlichen Begriffen	10
1.4	Bedeutung für das Personalmanagement	11
1.5	Betrieblicher Nutzen	16
1.5.1	Vorteile von Teamarbeit	17
1.5.2	Nachteile von Teamarbeit	20
2	**Modelle**	26
2.1	Modelle der zeitlichen Entwicklung und Veränderung von Teams	26
2.2	Rollen im Team	29
2.2.1	Der Teamrollenansatz von Belbin	29
2.2.2	Die Rolle der Teamleitung	32
2.3	Das Input-Prozess-Output-Modell der Teamarbeit	34
2.3.1	Inputs	34
2.3.2	Prozesse	39
2.3.3	Outputs	42
2.4	Die 4-Faktorentheorie der Innovation in Teams	43
2.5	Reflexivität	47
2.6	Virtuelle Teams und Telekooperation	48
3	**Analyse und Maßnahmenempfehlung**	52
3.1	Teamentwicklung und organisationale Unterstützung der Teamarbeit	52
3.2	Teamphasen	54
3.3	Teamrollen	55
3.4	Teamklima	56
3.5	Reflexivität	59
3.6	Führung im Team	62
3.7	Unterstützung der Teamarbeit	66
3.8	Ermittlung der Kompetenzen für virtuelle Teamarbeit und Telekooperation	68
4	**Vorgehen bei der Teamentwicklung**	70
4.1	Organisationsentwicklung als Vorbedingung für Teamarbeit und Teamentwicklung	70

4.2	Allgemeines Vorgehen	72
4.2.1	Grundregeln bei der Einführung von Teamarbeit	72
4.2.2	Stufen und Regeln bei der Teamentwicklung	75
4.3	Spezielle Verfahren	78
4.3.1	Visionen und Leitbilder	78
4.3.2	Entwicklung der Teamidentität	81
4.3.3	Entwicklung und Umsetzung konkreter Ziele	83
4.3.4	Klärung der Rollen für die einzelnen Teammitglieder	84
4.3.5	Individuelle Entwicklung	86
4.3.6	Gestalten von Teammeetings und Tagesordnungen	88
4.3.7	Stakeholderanalyse	90
4.3.8	Umgang mit schwierigen Teammitgliedern	92
4.3.9	Die Stufenleitertechnik zur Reduktion von Gruppendenken	94
4.3.10	Minderheiten einbeziehen	95
4.3.11	Diversitätsmanagement	96
4.4	Mögliche Probleme	98
4.4.1	Probleme durch Fehler bei der Einführung von Teamarbeit	98
4.4.2	Probleme bei Teamentwicklungsmaßnahmen	100

5 Fallbeispiele ... 105

5.1	Eine Abteilung der Aston Business School	105
5.2	Arbeiten in echten Teams versus „Pseudo"-Teams im britischen Gesundheitssystem	112

6 Literaturempfehlung ... 116

7 Literatur ... 117

Karten:
Fragebogen zur Teamarbeit
Wird Teamarbeit durch die Organisation optimal unterstützt?

1 Teamwork, Teamdiagnose und Teamentwicklung

1.1 Einführung und Begriffe

„Elf Freunde müsst ihr sein!", so die Forderung des Bundestrainers Sepp Herberger. Mannschafts-Geist galt ihm als Schlüssel zum Erfolg. Und in der Tat: elf Freunde waren sie, die Elf der 54er Weltmeisterschaft, die Helden von Bern.

„Der Star ist die Mannschaft" lautete die harmonische Parole von Bundestrainer Berti Vogts, mit der die deutsche Fußballnationalmannschaft 1996 den Europameistertitel gewann.

Ein Team ist eine Gruppe von Menschen, die gemeinsam an der Erreichung geteilter Ziele arbeiten, dabei verschiedene Rollen übernehmen und die miteinander kommunizieren, um so ihre Anstrengungen erfolgreich koordinieren zu können. Diese Fähigkeit zur Zusammenarbeit war der Schlüsselfaktor in der menschlichen Evolutionsgeschichte. Indem sich bereits die ersten Menschen zu Gruppen zusammenschlossen, waren sie erfolgreicher bei der Jagd, konnten größere Mengen an Nahrung sammeln und Vorräte anlegen und sich leichter verteidigen (vgl. West, 2004). Aber auch in unserer jüngeren und jüngsten Vergangenheit wurden durch Arbeit im Team erstaunliche Ergebnisse erzielt, von Erfindungen in Luft- und Raumfahrt bis zur Erforschung des menschlichen Genoms – zum Beispiel dadurch, dass weltweit Dutzende von Menschen in einem großen Team parallel an der Entschlüsselung der Erbinformationen arbeiteten. Teams ermöglichen aber nicht nur schnellere Prozesse in Produktion oder Entwicklung. Die Arbeit im Team trägt auch zur individuellen Persönlichkeitsentwicklung und zur Entwicklung von Gemeinschaften bei. In der Arbeit mit anderen lernen wir, eigene Interessen zurückzustellen, uns gegenseitig zu helfen, wir lernen effektiv zu kommunizieren und müssen Wege finden, Konflikte zu lösen. Wir bekommen Anregungen durch die Ideen der anderen und können unsere Fehler korrigieren und uns gegenseitig vor Irrtümern warnen. Wenn wir also mit anderen zusammenarbeiten, lernen wir mehr, als wenn wir allein arbeiten würden und wir profitieren von gegenseitiger praktischer, aber auch emotionaler Unterstützung. Die Erfahrung, erfolgreich zusammenzuarbeiten schmiedet die Mitglieder eines Teams zusammen und führt dadurch zum Erleben so wichtiger Gefühle wie Zugehörigkeit und Bindung. In erfolgreichen Teams können wir sowohl unsere individuellen Fähigkeiten und Fertigkeiten einbringen und weiterentwickeln, wir erhalten aber gleichzeitig eine weitere, eine kollektive Identität, die wichtig für unser Selbstkonzept ist.

Teamarbeit findet heutzutage nahezu überall statt – in öffentlichen Verwaltungen, in der Autoproduktion, dem Management von Banken und Versicherungen, in Krankenhäusern, Schulen oder im Sport. Bereits vor fast 20 Jahren hat Antoni (1994) eine regelrechte Gruppenarbeitseuphorie ausgemacht. Der Trend zur Teamarbeit ließ sich nach Antoni allerdings weniger auf rationale Faktoren, sondern vielmehr darauf zurückführen, dass Manager in Unternehmen Teamarbeit als Mode – ähnlich wie Lean Production, Total Quality Management, Six Sigma oder Kaizen – einsetzten, weil sie glaubten, damit die Wünsche und Bedürfnisse von Angestellten und Kunden besser befriedigen zu können. Gleichzeitig hat es laut Antoni aber auch strukturelle Bedingungen gegeben, die Anfang der 90er Jahre zu vermehrtem Einsatz von Gruppenarbeit geführt haben, wie zum Beispiel den Wandel von Verkäufermärkten zu Käufermärkten. In Verkäufermärkten stehen einem geringeren Angebot viele Käufer gegenüber, was den Verkäufer (also den Produzenten, den Dienstleister usw.) in eine relativ privilegierte Position versetzt – er kann die Spielregeln weitgehend selbst bestimmen. In Käufermärkten gibt es dagegen einen Angebotsüberhang. Nun muss der Produzent oder der Dienstleister schnell und effizient auf Kundenwünsche reagieren. Zwei Beispiele seien hier genannt: Die Telekommunikation und die Automobilindustrie.

Bis Mitte der 90er Jahre gab es in Deutschland im Prinzip nur einen Anbieter für Telefone und die damit verbundenen Dienstleistungen (Endgeräte, Anschlüsse, Einträge in Telefonbüchern), nämlich die Deutsche Bundespost. 1995 ging aus deren Bereichen Telekommunikation und Fernmeldedienst die Deutsche Telekom AG hervor. Anfangs unterschied sich jedoch für den Verbraucher der Service nur kaum. Der Telefonanschluss musste mit Formularen beantragt werden und der Antrag wurde dann in einer hierarchischen Behördenstruktur bearbeitet. Die Auswahl an Vertragsoptionen und Endgeräten war klein und alternative Anbieter waren praktisch nicht vorhanden. Dementsprechend konnte ein einzelner Mitarbeiter in einer Filiale der Bundespost die Anträge annehmen und (den üblichen Schritten der Hierarchie folgend) relativ langsam bearbeiten. Nicht selten dauerte es mehrere Wochen, bis tatsächlich ein Telefonanschluss freigeschaltet und benutzbar war. Heute ist die Deutsche Telekom nur einer von sehr vielen Anbietern und der Verbraucher kann aus einer unüberschaubar großen Vielfalt von Endgeräten und Verträgen wählen und dabei noch Festnetz-, Mobilfunk- und Internetdienstleistungen nahezu beliebig kombinieren. Dies bedeutet für die Mitarbeiterin in der Filiale aber auch, dass sie sich schnell mit ihren Kollegen abstimmen und koordinieren muss. Jeder Kunde hat seine individuellen Vorstellungen und Bedürfnisse und erwartet, sein neues Telefon innerhalb von maximal einigen Stunden benutzen zu können. Die Mitarbeiterin muss dazu mit anderen Mitarbeitern in der Filiale, vor allem aber mit virtuell „zugeschalteten" Kollegen in Zentrale und Regionalbüros kommunizieren und über moderne Computertechnik schnell das für den Kunden passende Angebot zusammenstellen und verfügbar machen – geschieht dies nicht schnell genug, geht der Kunde zum nächsten Anbieter.

Für die Automobilindustrie und ihre Zulieferer bedeutet der Wandel vom Verkäufer- zum Käufermarkt zum Beispiel neuere Modelle in schnelleren Abständen auf den Markt bringen zu müssen und somit immer kürzere Produktlebenszyklen – und dies ließ sich nach Antoni (1994) mit teambasierten Strukturen wesentlich besser bewältigen, als mit herkömmlichen, individualbasierten Arbeitsformen mit starren Hierarchien. Wir werden auf diese und andere Gründe für Teamarbeit in Kapitel 1.5 noch detaillierter eingehen. Damals wie heute ist aber in den meisten Bereichen das Potenzial, das effektives Teamwork bietet, nicht annähernd ausgeschöpft. In diesem Buch wollen wir zeigen, wie (1) Organisationen durch die Bereitstellung optimaler Ressourcen, wie (2) Führungskräfte durch optimales Teammanagement, und wie (3) einzelne Teammitglieder durch ein angemessenes Verständnis und die Entwicklung bestimmter Fähigkeiten zu einer besseren Nutzung des Potenzials von Teamarbeit beitragen können.

1.2 Definition

In diesem Kapitel werden zunächst der Begriff des Teams und seine Komponenten näher betrachtet. Wir diskutieren dabei auch verschiedene Arten von Teams und gehen anschließend auf die Begriffe Teamdiagnose und Teamentwicklung ein.

1.2.1 Teams

Es gibt eine ganze Reihe etablierter Teamdefinitionen, zum Beispiel von Hackman (1987) oder Sundstrom, DeMeuse und Futrell (1990), die von Thompson folgendermaßen zusammengefasst werden:

> „ein Team ist eine Gruppe von Individuen, die wechselseitig voneinander abhängig und gemeinsam verantwortlich sind für das Erreichen spezifischer Ziele für ihre Organisation" (2004, S. 4, Übersetzung der Verfasser).

Definition „Team"

Eine weitere etablierte, etwas ausführlichere Definition geben Mohrman, Cohen und Mohrman (1995):

> Ein Team ist eine Arbeitsgruppe von Individuen,
> – die zusammen ein bestimmtes Produkt herstellen oder einen bestimmten Service anbieten und
> – die sich für die Qualität dieser Leistung gegenseitig Rechenschaft ablegen.
>
> Mitglieder eines Teams
> – haben geteilte Ziele,
> – für deren Erreichung sie gemeinsam verantwortlich sind.
> – Sie sind wechselseitig abhängig von der Leistung der anderen Teammitglieder.
> – Sie beeinflussen ihre Ergebnisse durch Interaktion miteinander.

> Weil das Team als Ganzes verantwortlich für das Endergebnis seiner Arbeit ist, besteht eine der zentralen Aufgaben für jedes einzelne Teammitglied in der Vernetzung mit den anderen Mitgliedern des Teams.

Wir haben diese Definitionen bewusst ausgewählt, da sie die Begriffe Arbeit und Arbeitsgruppe als kennzeichnende Merkmale beinhalten. Natürlich ist auch eine Ansammlung von Sportkameraden im Fußball ein Team, dieses Buch richtet sich aber vor allem an diejenigen, die Teams in Arbeitskontexten verstehen und optimieren wollen. Zusätzlich zu diesen Bestimmungsstücken der Teamdefinition seien noch drei weitere Eigenschaften von Teams genannt, die West, Borril und Unsworth (1998) aus weiteren Teamdefinitionen extrahiert haben (z. B. Hackman, 1987) und die relevant für unsere weiteren Ausführungen sind:

Eigenschaften von Teams

- Teammitglieder haben mehr oder weniger klar definierte Rollen (z. B. in einem Operationsteam die OP-Krankenschwester, die Chirurgin, der Anästhesist usw.).
- Teams haben innerhalb ihrer Organisation eine klare Identität mit einem klaren Auftrag bzw. einer definierten Funktion (z. B. die Marketingabteilung, das Entwicklungsteam usw.).
- Teams sind weder zu klein, d. h. sie haben mindestens zwei bis drei Mitglieder, noch sind sie zu groß. Teams, die mehr als ungefähr 20 Mitglieder haben, erlauben in der Praxis bereits wieder die Differenzierung in Untergruppen und lassen sich besser als Abteilungen oder Organisation klassifizieren. Teams haben also in der Regel zwischen 3 und 20 Mitglieder.

Beispiel: Teams im Sport

Wir wollen diese Definitionen nun anhand einiger Beispiele veranschaulichen. Betrachten wir zunächst eine Fußballmannschaft: Zehn Feldspieler auf verschiedenen Positionen in Abwehr, Mittelfeld und Angriff sowie ein Torwart haben ein gemeinsames, von allen geteiltes Ziel – sie wollen das Fußballspiel gewinnen. Die Größe einer Fußballmannschaft ist prototypisch für ein Team, aber auch inklusive der Ersatzspieler hat eine Mannschaft normalerweise nicht mehr als 20 bis 22 Spieler. Die Spieler können das gemeinsame Ziel erreichen, indem sie selbst möglichst viele Tore erzielen und möglichst wenige Gegentore bekommen. Um Tore zu erzielen, müssen Mittelfeldspieler und Stürmer miteinander kommunizieren – sie müssen sich zum Beispiel durch Zuruf oder Handzeichen verständigen. Und sie müssen auf vielfältige Weise miteinander interagieren, indem sie sich gegenseitig den Ball zuspielen, gegnerische Spieler abblocken, sich freilaufen usw. Entscheidend an der obigen Definition ist die wechselseitige Abhängigkeit und die gegenseitige Verantwortlichkeit. Kein Einzelspieler, auch wenn er noch so gut ist, könnte allein ein Fußballspiel gewinnen, wenn die anderen Teammitglieder sehr schlecht sind, die Koordination schlecht ist oder der „Teamgeist" fehlt, also das Zusammengehörigkeitsgefühl und der gemeinsame Wille zum Erfolg. Jeder ist verantwortlich für seinen Teil der Aufgabe. Gleichzeitig ist aber das Ergebnis auch immer ein Gemeinschaftsprodukt des ganzen Teams. Auch wenn es z. B. durch einen Torwartfehler eine individuelle (Fehl-)Leistung ist, die vielleicht zur Niederlage führt, ist es eine Niederlage des gesamten Teams – es ist die Mannschaft, die in der Tabelle nach unten fällt, nicht der Torwart als einzelner.

Die Leistung des Teams hängt dabei auch von der Art der Aufgabe ab – bei einem Bergsteigerteam ist es das schwächste Teammitglied, das – wenn es das Seil loslässt – zum Misserfolg des gesamten Teams beiträgt. Bei anderen Aufgaben ist es das stärkste Mitglied (das zum Beispiel am längsten durchhält) und manchmal ist es der Durchschnitt aller Teammitglieder, der den Gruppenerfolg definiert.

Wie sieht dies in einer Arbeitsgruppe z. B. in der traditionellen Autoindustrie aus? Das folgende Beispiel kommt natürlich nicht entfernt der Realität nahe, in der zum Teil Tausende von Menschen nur an der Entwicklung und Montage des Motors arbeiten, es soll aber die grundsätzlichen Mechanismen veranschaulichen. Ein Auto herzustellen, erscheint zunächst als das gemeinsame und geteilte Ziel der Personen, die die Teile des Autos zusammensetzen und natürlich wird es am Ende nur dann ein Auto geben, wenn die einzelnen Arbeiter vier Räder, einen Motor, eine Karosserie usw. hergestellt haben. Solange die Arbeit aber nicht als Teamarbeit gestaltet wurde, werden sich die einzelnen Arbeiter nicht als Teammitglieder verstehen. Arbeiter 1 bekommt vielleicht morgens von seinem Vorgesetzten gesagt, er soll vier Reifen montieren; Arbeiter 2 erhält den Auftrag, eine Karosserie zusammenzuschweißen und Arbeiter 3 hat den Motor zusammenzusetzen. Es erfordert keinerlei Interaktion unter den Arbeitern, um ihre jeweiligen Aufträge auszuführen. Solange der Vorgesetzte die Arbeit effektiv so koordiniert, dass am Ende eines Tages alle Teile bereitstehen, können die Arbeiter 4 und 5 diese schließlich zu einem Auto zusammensetzen. Man kann sich leicht vorstellen, dass die einzelnen Arbeiter 1, 2, und 3 ihre Teile in verschiedenen Bereichen der Fertigungshalle produzieren und nicht miteinander interagieren oder kommunizieren, sich vielleicht nicht einmal sehen. Verantwortlich für das Endresultat sind nicht die Arbeiter, sondern der Vorgesetzte. Die Arbeiter erhalten ihren Lohn für die ordnungsgemäße und fehlerfreie Produktion ihrer jeweiligen Komponenten.

Nun stellen wir uns vor, die Produktion wird auf Teamarbeit umgestellt. Jetzt liegt es in der Verantwortung der Teammitglieder, ein Auto zu produzieren. Sie müssen sich koordinieren und abstimmen und sie können selbst entscheiden, wer welche Komponenten allein oder gemeinsam herstellt. Es könnte zum Beispiel vereinbart werden, dass Arbeiter 1, wenn er seine vier Räder produziert hat, anschließend Arbeiter 3 bei der Zusammensetzung des Motors unterstützt oder eher Arbeiter 2 bei der Karosseriemontage hilft. Sie müssen möglicherweise entscheiden, wann und wie sie die Teile am

Beispiel: Teams in der Fertigung

Ende zusammensetzen und sie werden nach der Anzahl der Autos, die sie in einem Monat gemeinsam herstellen, bezahlt. Auch wenn die Tätigkeiten, die der individuelle Arbeiter ausführt, sich in den beiden Beispielen vielleicht nur unwesentlich unterscheiden (Arbeiter 1 montiert nach wie vor die Räder usw.), ist die Art der Zusammenarbeit eine fundamental andere. Im zweiten Beispiel wird das Team für die Erreichung des gemeinsamen Ziels bezahlt und um dieses Ziel zu erreichen, müssen sich die einzelnen Mitglieder koordinieren und sie müssen interagieren. Angemerkt sei an dieser Stelle, dass Interaktion nicht nur aus Kommunikation besteht (vgl. Brodbeck, 2004). Jede Form von direkter Kommunikation, wie persönlich miteinander sprechen, telefonieren, E-Mail-Kontakte haben usw. sind Interaktionen, aber Teammitglieder interagieren auf weitaus vielfältigere Arten und Weisen. Sie tauschen zum Beispiel Produkte aus, sie kommunizieren mit Dritten usw. Insbesondere in modernen Arbeitskontexten werden die Formen von Kommunikation und Interaktion erweitert durch Medien wie Inter- und Intranet, durch Videokonferenzen, Groupware, mit der mehrere Personen gleichzeitig z. B. an einem Text arbeiten können, usw.

In der Praxis ist es nicht immer einfach zu sagen, wann es sich um ein „echtes" Team handelt, und wann man eher von einer Gruppe als loser Ansammlung von Individuen sprechen kann. Betrachten wir dazu einige mögliche Arten von Gruppen in Organisationen (siehe Abbildung 1).

Abbildung 1:
Arten von Gruppen in Organisationen (vgl. Robbins & Judge, 2013)

Zunächst kann man zwischen formellen, von der Organisation eingesetzten Gruppen und von informellen Gruppen sprechen. Letzteres kann zum Beispiel eine Freundschaftsgruppe von Mitgliedern der Organisation sein, die sich nach Feierabend und am Wochenende treffen oder einen gemeinsamen Urlaub verbringen. Eine Interessensgruppe könnte zum Beispiel die unternehmenseigene Freizeit-Fußballmannschaft sein oder ein Zusammenschluss mehrerer Eltern in der Organisation, die eine Kinderbetreuung organisieren. Auch wenn diese Gruppen durchaus im Unternehmensinteresse sein können, weil sie positive Einflüsse auf das Betriebsklima haben, stellen sie im Sinne der o. g. Definition keine Teams dar, weil kein geteiltes Ziel auf Organisationsebene vorliegt, an dem alle gemeinsam arbeiten. Formelle Gruppen können Steuergruppen oder Projektgruppen sein, die über Abteilungsgrenzen hinweg zusammenkommen, um zum Beispiel eine Mitarbeiterbefragung zu koordinieren oder ein Angebot abzugeben. Es handelt sich hierbei durchaus um Teams im Sinne unserer Definition: Es liegt ein geteiltes Ziel vor, die Gruppenmitglieder müssen sich abstimmen usw. Allerdings haben solche Gruppen häufig nur eine begrenzte Lebensdauer – sobald die Mitarbeiterbefragung durchgeführt und ausgewertet ist, wird die Steuergruppe aufgelöst. Aus diesem Grunde sind viele der im Verlauf dieses Buches besprochenen Maßnahmen zur Diagnose und Entwicklung von Teams zwar durchaus geeignet, um Potenziale auszuschöpfen – in der Regel wird man aber in ad hoc Gruppen mit definierter Lebensdauer weniger Zeit und Geld investieren als in die letzten beiden Teamarten, die den dauerhaften Kern von Organisationen bilden. Zu bedenken ist allerdings, dass erstens befristete, für einen konkreten Auftrag oder ein Projekt zusammengestellte Teams ebenfalls gute Leistungen erbringen sollen und zweitens anfängliche Befristungen in der Teamlebensdauer sich häufig auflösen. Dies könnte zum Beispiel der Fall sein, wenn die Arbeitsgruppe, die die Einführung einer neuen Software beraten soll, anschließend als dauerhafte IT-Kommission eingerichtet wird oder die Steuergruppe der Mitarbeiterbefragung zur dauerhaften Einrichtung wird, wenn die Mitarbeiterbefragung in jährlichen Abständen wiederholt wird. Aus diesen Gründen sollten auch bei diesen Gruppen die Grundsätze der Teamzusammensetzung und Teamentwicklung berücksichtigt werden. Teams sind die Gruppen in Produktion und anderen Bereichen, die dauerhaft zusammenarbeiten, um gemeinsame Ziele zu erreichen und deren Entwicklung nachhaltigen Nutzen für die Organisation bringt. Die Differenzierung in Teams und selbstgesteuerte Teams ist insofern wichtig, als dass im letzten Fall ein formaler Vorgesetzter fehlt, der Teamentwicklungsprozesse initiiert und koordiniert – hier ist es das Team, das seine Arbeit selbst steuert und daher auch selbst für seine Entwicklung verantwortlich ist. Es gibt eine ganze Reihe weiterer Teamarten, die aber zum Teil lediglich Spezialfälle der in Abbildung 1 genannten Arten darstellen, wie z. B. self-governing teams (z. B. ein Unternehmensvorstand, vgl. Thompson, 2004) oder „crews" wie Flugzeugbesatzungen (Guzzo & Dickson, 1996). Zunehmend gibt es auch virtuelle Teams (Konradt & Hertel, 2002; siehe Kapitel 2.6).

Der Unterschied zwischen formellen und informellen Gruppen

Damit man überhaupt von Teamarbeit sprechen kann und damit Teamarbeit effektiv ist, hat Hackman (1987) folgende Richtlinien aufgestellt:

Richtlinien für effektive Teamarbeit

1. Die Tätigkeit muss für Teamarbeit geeignet sein.
2. Die Teammitglieder sehen sich selbst als Team und das Team wird von anderen innerhalb der Organisation als Team wahrgenommen.
3. Das Team hat Entscheidungsbefugnisse über die Bewältigung der Aufgaben.
4. Die Teamstruktur, inklusive der Aufgabe, der Mitglieder und der Normen, muss Teamarbeit fördern.
5. Die Organisation muss die Bedürfnisse des Teams durch Routinen und Richtlinien unterstützen.
6. Rückmeldung und Coaching durch Experten sind verfügbar, wenn die Teammitglieder diese benötigen und einfordern.

1.2.2 Teamdiagnose

Definition Teamdiagnose

Im dritten Kapitel dieses Buches werden wir uns ausführlich mit verschiedenen Möglichkeiten befassen, Teams und ihre Mitglieder in Bezug auf ihre Rollen, ihre Effizienz und Effektivität usw. zu analysieren. Diese Methoden der Teamdiagnose erlauben es, Schwachstellen und Entwicklungsmöglichkeiten aufzudecken bzw. sich der eigenen Stärken bewusst zu werden und diese – z. B. im Wettbewerb mit anderen Teams – auch zu nutzen. Nach Kauffeld und Grote (2003) stellt eine gute Teamdiagnose die Voraussetzung für jede Teamentwicklungsmaßnahme dar. Teamdiagnose kann Teammitglieder für bestimmte Prozesse und Störquellen sensibilisieren, sie kann Diskussionen auslösen und dazu führen, dass das Team über seine Ziele und Prozesse reflektiert. Die Fähigkeit zu reflektieren ist dabei eine entscheidende Voraussetzung für erfolgreiche Teamarbeit. Reflexion bedeutet hier vor allem, über die Frage „Tun wir das, was wir tun, richtig?" hinauszugehen und sich zu fragen „Tun wir das Richtige?". In modernen Organisationen wird meist sehr effizient gearbeitet, in der Hektik des Arbeitsalltages bleibt aber oft nicht die Zeit, einen Schritt zu Seite zu machen und sich zu fragen, ob denn das, was das Team macht, noch mit den ursprünglichen Zielen übereinstimmt oder ob die ursprünglich vereinbarten Ziele in sich wandelnden Kontexten noch die richtigen Ziele sind. Selbstverständlich ist Reflexivität auch für Individuen hilfreich, die nicht in Teams arbeiten – in Teams gibt es aber zwei zusätzliche Aspekte von Reflexivität: Zum einen sind Teams prinzipiell eher in der Lage, Fehler zu entdecken und über veraltete Methoden kritisch zu reflektieren, weil mehrere Individuen unterschiedliche Perspektiven ermöglichen. Zum anderen muss dieser Vorteil aber erst einmal genutzt werden – es muss ein Klima für Kritik und Reflexivität geschaffen werden (siehe die Kapitel 2.4 und 2.5) und gleichzeitig negatives „Gruppendenken" (siehe Kapitel 1.5.2) vermieden werden.

1.2.3 Teamentwicklung

Teamentwicklung hat zwei hier relevante Bedeutungen. Zum einen entwickeln sich Teams über die Zeit hinweg. Im zweiten Kapitel dieses Buches werden wir ein prominentes Modell der Teamentwicklung im Sinne des *team development* diskutieren, nämlich das Phasenmodell von Tuckman (1965). Tuckman postuliert in seinem Modell, dass jedes Team fünf Phasen durchläuft:

Teamentwicklung im Sinne von team development

– *Forming*, die erste Phase, in der die Teammitglieder zum ersten Mal zusammenkommen und die vor allem durch Unsicherheit gekennzeichnet ist.
– *Storming*, die zweite Phase, in der es aufgrund von Unklarheiten über Rollen und Aufgaben zu Konflikten kommen kann.
– *Norming*, die dritte Phase, in der Regeln festgelegt und Rollen definiert werden und in der das Team zusammenwächst.
– *Performing* ist die vierte Phase, in der die Gruppe auf dem Höhepunkt ihrer Fähigkeiten arbeitet.
– *Adjourning*, die fünfte und letzte Phase, die nur vorübergehende Teams durchlaufen, bezeichnet die Auflösung des Teams.

Das Phasenmodell von Tuckman

Im vierten Kapitel dieses Buches werden wir uns ausschließlich mit der Teamentwicklung in der anderen Bedeutung, im Sinne des *team building*, befassen.

Teamentwicklung in diesem Sinn – als aktive Maßnahme – enthält folgende Elemente:

a) „… eine *Personalentwicklungsmaßnahme* zur Entwicklung einer Gruppe von Personen, die gegenwärtig oder zukünftig an einer *gemeinsamen Aufgabe* und/oder einem *gemeinsamen Ziel* arbeiten.
b) *Übergeordnetes Ziel* dieser Maßnahme ist die Steigerung der Gruppenleistung und der Arbeitszufriedenheit der Gruppenmitglieder.
c) *Die konkrete Zielsetzung* richtet sich nach der aktuellen Problemlage der Gruppe, die ebenso unterschiedlich sein kann wie der *Anlass* für diese Maßnahme.
d) Die Teamentwicklung wird in der Regel von einem *neutralen Moderator* gesteuert, wobei sich *alle Gruppenmitglieder* an Problemklärungen und dem Finden von Problemlösungen *beteiligen*.
e) Eine Teamentwicklung besteht aus mehreren *Phasen*."

Teamentwicklung im Sinne von team building

Quelle: Stumpf & Thomas, 2003, S. XIII–XIV, Hervorhebungen im Original

Wir werden hier nicht im Detail jeden einzelnen Punkt dieser Definition besprechen, die Punkte a) bis d) erklären sich weitgehend selbst und sie werden im vierten Kapitel zum Teil noch ausführlich behandelt. An dieser Stelle soll aber kurz erläutert werden, was unter Punkt e) mit den Phasen von Teamentwicklung (in Abgrenzung zu den Phasen von Tuckman, 1965) verstanden wird. In Anlehnung an Stumpf und Thomas (2003) kann man folgende Phasen der Teamentwicklung unterscheiden:

Die Phasen der Teamentwicklung: Einleitung, Diagnose, Intervention, Evaluation

> **Phasen der Teamentwicklung**
>
> 1. In der *Einleitungsphase* wird sich das Team (das heißt eines oder mehrere seiner Mitglieder oder der Teamleiter oder andere Instanzen der Organisation) eines Problems bewusst und es wird eruiert, ob dieses Problem durch eine Teamentwicklungsmaßnahme angegangen werden soll. Das Team setzt sich in dieser Phase mit einem Experten innerhalb oder außerhalb der Organisation (z. B. Berater, Moderator) in Verbindung.
> 2. In der *Diagnosephase* wird zunächst erfasst und analysiert, worin das eigentliche Problem besteht und auf welchen Stärken und Vorerfahrungen im Team man aufbauen kann. Wir werden hierauf in Kapitel 3 eingehen.
> 3. In der *Interventionsphase* werden dann ein oder mehrere Teamentwicklungsworkshops durchgeführt. Hiermit werden wir uns in Kapitel 4 befassen.
> 4. In der abschließenden *Evaluationsphase* wird festgestellt, ob mit der Teamentwicklungsmaßnahme die gewünschte Wirkung erzielt wurde.

Nach der vierten Phase kann der Prozess unter Umständen wieder in Phase 1 beginnen, wenn zum Beispiel im Rahmen der Evaluation neue Probleme entdeckt werden oder festgestellt wird, dass das ursprüngliche Problem noch nicht abschließend gelöst wurde. Zu bemerken ist noch, dass die Phasen 2 und 3 nicht immer linear aufeinander folgen, sondern dass sich manchmal im Rahmen der Workshops neue Daten und Informationen ergeben (z. B. in Gruppendiskussionen), die wieder zur Neueinschätzung der Situation führen können.

1.3 Abgrenzung von ähnlichen Begriffen

Der Unterschied zwischen Team und Gruppe

Bei der Definition von Teams und Teamentwicklung wurde bereits deutlich, dass sich die Begrifflichkeiten nicht immer ganz sauber trennen lassen. Wir haben versucht, den Begriff des Teams klar dadurch auszuzeichnen, dass Menschen miteinander interagieren, um ein geteiltes Ziel zu erreichen, für das sie gemeinsam verantwortlich sind. Wie wir gesehen haben, trifft dies nicht auf alle Gruppen zu. Da sich aber im Deutschen die Bezeichnung Arbeitsgruppe (wie im Englischen der Titel work group) parallel zum Begriff des Teams eingebürgert hat, werden wir auch im Verlauf dieses Buches die Worte Team und Gruppe synonym verwenden. Wir möchten aber betonen, dass die Gruppen, von denen wir hier sprechen, immer der oben zusammengefassten Teamdefinition entsprechen. Antoni (1994, 2000) unterscheidet weitere Teamarten, wie Fertigungsteams, Fertigungsinseln, Projektgruppen, Qualitätszirkel, Verwaltungsinseln oder Rotationsgruppen, die den oben genannten Definitionen von echten Teams nur zum Teil entsprechen, weil sie entweder nur sehr geringe Variabilität in den Aufgaben oder sehr geringe Autonomie in der Aufgabenbewältigung haben. Von echten Teams kann man nach Antoni bei teilautonomen Arbeitsgruppen sprechen, während eine rein organisatorische Zusammenfassung von einzelnen Arbeitern zu einer „Gruppe", nur weil sie denselben Vorgesetzten, die gleiche Schichtzeit und den gleichen Arbeitsort haben, kein Team im Sinne unserer Definition darstellt. West (2012) hat für Gruppen, die nur als Teams bezeichnet werden aber nicht die Eigenschaften echter Teams aufweisen, den Begriff des Pseudoteams eingeführt. Ein Fallbeispiel (Kapitel 5.2) gibt ein anschauliches Beispiel aus der Forschung von West zu den Konsequenzen der Arbeit in Pseudoteams.

Was den Begriff der Teamentwicklung angeht, gibt es im Deutschen leider keine sprachlich korrekte Form, die beide besprochenen Bedeutungen ohne Weiteres ausdrückt. Wir werden daher Teamentwicklung immer dann verwenden, wenn wir von *team building*, also Entwicklung im Sinne von Personalentwicklung, sprechen. Wenn von der zeitlichen Entwicklung und von Veränderung im Sinne z. B. des Phasenmodells die Rede ist, werden wir dies durch den Kontext jeweils klar herausstellen.

1.4　Bedeutung für das Personalmanagement

Warum ist die Beschäftigung mit dem Thema Teamarbeit und Teamentwicklung relevant für das Personalmanagement? Zunächst ganz einfach deshalb, weil Teammitglieder in erster Linie auch Organisationsangehörige sind, für die das Personalmanagement die üblichen Dienstleistungen erbringt wie Selektion und Rekrutierung, Einarbeitung, Fortbildung und Beurteilung.

Darüber hinaus gibt es aber zusätzliche Ansprüche an das Personalmanagement, wenn Organisationen teambasiertes Arbeiten einführen. West und Markiewicz (2004) haben eine Reihe von Beziehungen zwischen teambasierten Strukturen und dem Personalmanagement diskutiert, die wir im Folgenden kurz darstellen möchten (vgl. für ein praktisches Fallbeispiel in mittelständischen Unternehmen: Schlund, 1994, und vgl. für die klassischen Felder der Personalpsychologie: Schuler, 2006).

- *Personalrekrutierung und Personalauswahl*

In teambasierten Organisationen müssen neue Mitarbeiter nicht nur nach ihrem Fachwissen und den sonst üblichen Kriterien ausgewählt werden. Hier spielen weitere Kriterien eine Rolle und im Auswahlprozess sollten Fragen

<small>Rekrutierung und Auswahl</small>

berücksichtigt werden wie: Welche Erfahrungen hat der Bewerber mit Teamarbeit? Ist die Bewerberin motiviert, im Team zu arbeiten? Hat sie besondere Fähigkeiten zur Teamarbeit? Weiterhin spielt die Persönlichkeit von Mitarbeitern eine Rolle (siehe Mohammed, Cannon-Bowers & Foo, 2010) und es sollte darauf geachtet werden, dass Teams mit dem richtigen „Mix" von Mitarbeitern besetzt werden: So sollten generell offene und extravertierte Bewerber eher für Teamarbeit geeignet sein (Morgeson, Reider & Campion, 2005), es sollte aber auch darauf geachtet werden, dass man jemanden im Team hat, der eher vorsichtiger Natur ist und gegebenenfalls vor Risiken warnt. Schließlich spielt es für die erfolgreiche Teamarbeit eine große Rolle, wer die neuen Mitarbeiter auswählt. Hier ist es in der Regel günstig, wenn die bestehenden Teammitglieder ihre neuen Kollegen selbst auswählen (mit entsprechender Unterstützung der Personalabteilung) oder zumindest substanziell am Auswahlprozess beteiligt werden. Natürlich sollte der Teamleiter bei der Auswahl ebenso beteiligt sein. Für die Auswahl von Teammitgliedern mithilfe von Persönlichkeitstests geben Hossiep und Mühlhaus (2005) eine gute Übersicht und praktische Hinweise, bei Kanning (2005) finden sich detaillierte Anweisungen zur Messung von sozialen Kompetenzen.

- *Mitarbeitergespräche und Mitarbeiterbeurteilung* (siehe Hossiep, Bittner & Berndt, 2008; Lohaus, 2009)

Mitarbeitergespräche und Mitarbeiterbeurteilung

Zunächst muss betont werden, dass in der Teamarbeit andere Kriterien zur Leistungsbeurteilung berücksichtigt werden, die zusätzlich zur individuellen Leistung eine wichtige Rolle spielen. Ob ein Team erfolgreich ist, macht sich nicht nur an den Erfolgs- oder Effizienzkriterien der einzelnen Mitarbeiter fest, sondern es sollte auch gefragt werden, wie denn die einzelnen Mitglieder zum Teamerfolg (d. h. der Effizienz und Effektivität des ganzen Teams) beitragen. Weitere wichtige Kriterien sind aber auch das Wohlbefinden der Teammitarbeiter, die Team-Lebendigkeit, d. h. Indikatoren wie Zusammenhalt, Kooperationsfähigkeit, kollektive Selbstwirksamkeit (das ist die Überzeugung, gemeinsam etwas bewirken und Probleme lösen zu können) usw. (vgl. Brodbeck, 2004). Als nächstes ist wichtig, wer wem Rückmeldung gibt und wie die Mitarbeitergespräche organisiert werden. In Teams sollte grundsätzlich ein klassisches Führungskraft-Mitarbeitergespräch ergänzt werden durch andere Verfahren der Rückmeldung. Hier bieten sich alle Arten von Peer-Rückmeldesystemen an, im Idealfall eingebettet in ein 360°-Feedback (siehe Infobox 1; vgl. Scherm & Sarges, 2002).

Das 360°-Feedback zur Erfassung von Führungskompetenz

Infobox 1: 360°-Feedback

Das 360°-Feedback ist konzipiert als multiperspektivisches Instrument zur Einschätzung von Führungskompetenzen aus mehreren Quellen (Vorgesetzte, Kollegen, Mitarbeiter, Kunden usw.). Zu jeder zu beurteilenden Person werden also Daten, zum Teil mit standardisierten Fragebögen, von mehreren anderen Personen auf der gleichen, der höheren und der untergeordneten Hierarchieebene gesammelt. Die Ergebnisse – und hier insbesondere Unterschiede in den Wahrnehmungen der verschiedenen Quellen – werden dann mit der zu beurteilenden Person diskutiert, um Entwicklungsmöglichkeiten und -bedürfnisse festzulegen.

- *Rückmeldung auf Teamebene*

Zusätzlich zu den oben besprochenen Mitarbeitergesprächen, die dem einzelnen Teammitglied sagen, wo es in Bezug auf seine persönlichen Ziele und die Ziele des Teams steht, muss regelmäßig dem Team als Ganzem rückgemeldet werden, ob es auf Zielkurs ist. Dabei sollte wiederum nicht nur danach gefragt werden, ob das Team effizient auf die Ziele hin steuert, sondern auch, ob die Ziele angesichts möglicher Veränderungen noch die richtigen sind oder ob sie angepasst und verändert werden müssen.

Rückmeldung über das Erreichen der Teamziele

- *Entgelt- und Belohnungssysteme*

Wir wollen hier nicht die üblichen Vor- und Nachteile verschiedener Entgeltsysteme diskutieren, sondern lediglich deutlich machen, dass Teamarbeit auch auf diesen Bereich des Personalmanagements einen Einfluss hat (vgl. Antoni, 2000). Teamarbeit sollte bei der Entgeltgestaltung auf drei verschiedenen Ebenen berücksichtigt werden: auf der *individuellen Ebene* sollten Anreize für gute Teamarbeit gegeben werden, z. B. in Form von Bonussystemen, die die Beiträge des Einzelnen zum Team belohnen. Auf *Teamebene* sollte das Team als Ganzes Anreize für die Erreichung der Teamziele erhalten. Hier ist es wichtig, sich Gedanken darüber zu machen, wie die Anreize verteilt werden sollen (z. B. bekommen alle Teammitglieder das Gleiche oder jeder anteilig im Verhältnis zu individuellen Beiträgen?) und wer darüber entscheidet (eine Führungskraft außerhalb oder innerhalb des Teams, die Teammitglieder selbst?). Wie auch immer diese Fragen beantwortet werden – wichtig ist, dass der Prozess der Entscheidung als *fair* und *transparent* erlebt wird. Drittens spielen Entscheidungen zur Entlohnung und Gratifikation auf der *Organisationsebene* eine Rolle. Wenn die Organisation zu echtem teambasierten Arbeiten beitragen will, muss sie auch die Teams an Entscheidungen bezüglich der Entlohnung beteiligen und sie muss deutlich machen, dass Teamarbeit im Verhältnis zu Einzelkämpfertum besonders wertgeschätzt wird. Hier sollten dann auch Systeme wie Gewinnbeteiligungs- oder Umsatzbeteiligungspläne berücksichtigt werden (vgl. Thompson, 2003). Bei Armstrong (2000) finden sich detaillierte Analysen und Hinweise, wie Entlohnungssysteme auf der Teamebene zu gestalten und einzuführen sind. Armstrong diskutiert die Vor- und Nachteile verschiedener Systeme und macht deutlich, dass es oft gerade *nicht* die finanziellen Anreize sind, die ein Team motivieren, sondern eher Anreize wie öffentliche Anerkennung und das intrinsisch motivierende Gefühl,

Entgelt- und Belohnungssysteme müssen auf Teamarbeit angepasst werden

eine Aufgabe besonders gut bearbeitet oder ein schwieriges Problem gelöst zu haben. Eine leistungs- und erfolgsorientierte Vergütung ist insbesondere bei den Führungskräften wichtig (siehe Becker & Kramarsch, 2006).

- *Entwicklung und Training*

Entwicklung und Training müssen Teamaspekte einbeziehen

Auch in teambasierten Organisationen muss individuelle Personalentwicklung stattfinden, um die einzelnen Mitarbeiter für ihre Aufgaben kompetent zu machen und auf weitere (Führungs-)aufgaben vorzubereiten. Darüber hinaus muss es aber auch Personalentwicklung auf Teamebene geben (siehe Kapitel 4 dieses Bandes). Bei der Entwicklung müssen sowohl einzelne Teammitglieder, als auch die Teamleiter und weitere Personen, die zum Beispiel die Teamarbeit innerhalb der Organisation koordinieren, berücksichtigt werden. Wie bei jeder Trainingsmaßnahme sollten zunächst die Trainings- und Entwicklungsbedürfnisse erfasst werden, dann wird die Maßnahme durchgeführt und anschließend muss evaluiert werden, ob sie den gewünschten Erfolg erzielt hat bzw. wo weiterer Trainingsbedarf besteht. Boydell und Leary (1996) beschreiben, wie Trainingsbedarfe auf Teamebene erfasst werden können; dabei spielt es eine Rolle, in welcher Phase sich die Teams befinden (siehe Kapitel 2.1). Sind Trainings in und mit Teams effektiv? Diese Frage lässt sich pauschal nicht mit ja oder nein beantworten, weil es auf die Art des Teams, des Trainings usw. ankommt. Einige Aussagen lassen sich aber aufgrund der Forschung treffen:

- Wenn Teams angeleitet werden, sich selbst zu korrigieren, d. h. sich und das Verhalten der Teammitglieder zu beobachten und Rückmeldung zu geben, um daraus zu lernen, ist dies in der Regel mit höherer Teamleistung korreliert (z. B. Smith-Jentsch, Cannon-Bowers, Tannenbaum & Salas, 2008; Effektgröße .61 in der Metaanalyse von Salas, Nichols & Driskell, 2007).
- Wenn Teams während des Trainings an realistischen Szenarien üben, hat dies positive Auswirkungen auf die Übertragung des Gelernten, weil es Teammitgliedern hilft, die Konsequenzen ihrer Aktionen zu erkennen, aus Feedback zu lernen und durch das Erleben von Erfolg eine gemeinsame Selbstwirksamkeitsüberzeugung aufbaut. Cannon-Bowers, Bowers und Sanchez (2008) geben konkrete Hinweise, wie Szenarien zu entwickeln und zu implementieren sind.
- Ebenso sind Trainings erfolgreich und verbessern die Teamleistung, die die Koordinationsfähigkeit und Fähigkeit zur Adaptation steigern (Effektgröße .61 in der Metaanalyse von Salas et al., 2007).

- *Kommunikation*

Mit Teams kann Kommunikation in der Organisation effizienter werden

Teambasierte Organisationsstrukturen ermöglichen es in der Regel, schneller und effektiver zu kommunizieren – anstelle der Kommunikation mit 100 einzelnen Mitarbeitern versammelt die Führungskraft 10 Teamleiter oder

Teamrepräsentanten, die die Informationen dann innerhalb der Teams kommunizieren und diskutieren. Wie bei individueller Kommunikation auch, müssen aber auch hier verschiedene Faktoren berücksichtigt werden, die die Effektivität der Kommunikation beeinflussen:

- *Die Organisationskultur:* Will man die Vorteile der teambasierten Struktur nutzen, muss sich die Organisation auch dieser Struktur anpassen. Gibt es in einer hierarchischen Struktur Kommunikation häufig nur als schriftliche (elektronische) Memoranden, die von oben nach unten weitergereicht werden, muss in teambasierten Organisationen mit Teambriefings gearbeitet werden. *(Die Organisationskultur muss auf teambasiertes Arbeiten angepasst werden)*

- *Die Art des Kommunikationsinhaltes:* Handelt es sich um Direktiven, die umgesetzt werden müssen oder um Vorschläge, die diskutierbar sind? Ersteres kann z. B. nach wie vor schriftlich an die einzelnen Mitarbeiter kommuniziert werden, während Vorschläge eher in Teamdiskussionen unter persönlicher Anwesenheit einer Führungskraft behandelt werden sollten. Gute Nachrichten können durchaus schriftlich (also auch per E-Mail) mitgeteilt werden, hat ein Team aber schlecht gearbeitet, einen Auftrag nicht bekommen, oder soll es (aus wichtigen Gründen) aufgelöst werden, sollte dies immer persönlich, normalerweise nicht per Brief und auf gar keinen Fall per E-Mail, mitgeteilt werden. *(Inhalte der Kommunikation)*

- *Die Kommunikationshäufigkeit:* Wege, die häufig zur Kommunikation benutzt werden, etablieren sich schnell. Es muss aber darauf geachtet werden, dass diese Wege der Art der Botschaft auch angemessen sind (nur weil E-Mail eine schnelle und beliebte Art der Kommunikation ist, muss dies nicht heißen, dass es immer das beste Medium darstellt – man denke zum Beispiel an streng vertrauliche Nachrichten). Weiterhin gilt es zu berücksichtigen, dass es in teambasierten Strukturen sehr viel Kommunikation innerhalb eines Teams, aber vergleichsweise wenig Kommunikation über die Teamgrenzen hinaus gibt. Dies kann zu Missverständnissen und Konflikten zwischen Teams führen. Hier stellen cross-funktionale Arbeitsgruppen eine Ausnahme dar: Dadurch, dass für ein bestimmtes Projekt Mitglieder unterschiedlicher Teams zusammenkommen, können der gegenseitige Informationsfluss und die Zusammenarbeit zwischen Teams besonders gefördert werden (siehe Richter, West, van Dick & Dawson, 2006). *(Häufigkeit, mit der kommuniziert wird)*

- In Teams sind *Kommunikationsfertigkeiten* (aktives Zuhören, vor einer Gruppe sprechen) vielleicht noch wichtiger als in der Kommunikation zwischen zwei Personen, hier kann das Personalmanagement die Teammitglieder und Teamleiter mit entsprechenden Weiterqualifikationsmaßnahmen unterstützen. *(Kommunikationsfertigkeiten sind bei der Teamarbeit besonders wichtig)*

- *Unterstützung*

Teams benötigen kontinuierliche Unterstützung, um effektiv arbeiten zu können. Nicht immer kann ein Team alles aus sich heraus entscheiden und regeln. Daher benötigen Teams vom Personalmanagement Hilfe, wenn neue *(Die Organisation muss Teamarbeit unterstützen)*

Mitarbeiter gewonnen werden sollen (siehe oben), sie brauchen Unterstützung, wenn es zu Konflikten kommt oder wenn Trainingsbedarf entsteht. Es ist wichtig, dass das Team in der Personalabteilung Ansprechpartner für solche Fragen hat und im Bedarfsfall sicher sein kann, dass interne oder externe Trainer, Mediatoren oder Moderatoren zur Verfügung stehen oder gestellt werden.

Die hier dargestellten Aufgaben und Herausforderungen sind also originäre Handlungsfelder für Personaler. Wichtig ist aber auch, dass erfolgreiche Teamarbeit keine Frage von einzelnen Mitarbeitern der Personalabteilung sein kann. Unternehmen, die tatsächlich das Potenzial von Teamarbeit ausschöpfen wollen, müssen Teamstrukturen auch nachhaltig in ihre langfristigen Unternehmensstrategien integrieren.

West und Markiewicz (2004) beschreiben detailliert, wie die Transformation der klassischen zur teambasierten Organisation gelingen kann. Sie setzen dafür einen Zeitrahmen von ca. 1½ Jahren an und warnen davor, die Zeit und Arbeit, die investiert werden müssen, zu unterschätzen. Da die Einführung teambasierten Arbeitens eher ein Thema für die Organisationsentwicklung ist, werden wir uns im Rahmen dieses Buches eher knapp in Kapitel 4.1 damit befassen und uns auf die Entwicklung bestehender Teams bzw. die Bildung von Teams in Organisationen mit etablierten Teamstrukturen konzentrieren. Mithilfe von Karte 2 im Anhang des Buches können Teamleiter oder Teammitglieder aber einen ersten Anhaltspunkt gewinnen, ob sie in ihrer Teamarbeit vom Personalmanagement ausreichend unterstützt werden und wo gegebenenfalls Verbesserungsbedarf besteht (vgl. Kapitel 3.1).

1.5 Betrieblicher Nutzen

Wir werden im Folgenden zunächst ausführlich darauf eingehen, welchen Nutzen Organisationen haben, wenn sie Teamarbeit einführen sowie optimal gestalten und fördern. Dabei werden wir auch auf die Vorteile von Teamarbeit für die Teammitglieder eingehen. Es gibt allerdings auch negative Aspekte von Teamarbeit, wie zum Beispiel das Phänomen des sozialen Faulenzens (social loafing; Ingham, Levinger, Graves & Peckham, 1974), d. h. das Phänomen, dass sich Mitglieder von Teams weniger anstrengen und weniger leisten, als wenn sie alleine arbeiten würden. Auf diese negativen Aspekte werden wir im Anschluss an die Diskussion des betrieblichen Nutzens ebenfalls kurz eingehen, weil diese Probleme wichtige Ansatzpunkte für die Teamentwicklung darstellen. Gute Teamdiagnose- und Teamentwicklungsverfahren müssen nämlich gerade auch den Schwierigkeiten von Teamarbeit gerecht werden.

1.5.1 Vorteile von Teamarbeit

Arbeit in Teams und Gruppen ist nicht wirklich neu. Seit langem wird, zum Beispiel in Form teilautonomer Arbeitsgruppen in der Automobilindustrie, in Teams und Gruppen gearbeitet. Es gibt dabei damals wie heute eine Reihe von Gründen, Arbeit teambasiert zu strukturieren. Auf diese Gründe werden wir im Folgenden eingehen. Thompson (2004) diskutiert vier Bereiche, in denen Teamwork dazu beitragen kann, dass Organisationen mit neuen und alten Anforderungen effektiver umgehen können.

Bereiche, in denen Teamwork vorteilhaft ist
Kundenorientierung (siehe für eine Übersicht: Nerdinger, 2003)
85 Prozent aller Kunden, die ihre Organisation „wechseln", also z. B. woanders kaufen, tun dies, weil sie das Gefühl haben, dass sich die Organisation nicht richtig für sie interessiert und sich nicht genug um sie kümmert. Gleichzeitig kostet es etwa zehnmal mehr, neue Kunden zu gewinnen, als existierende Kunden zu behalten. Carder und Gunter (2001) sagen, dass Unternehmen ihre Profite um bis zu 85 % steigern können, wenn es ihnen gelingt, den Anteil der Kunden, die aufhören bei ihnen zu kaufen, um 5 % zu reduzieren. Teams können flexibler auf Kundenbedürfnisse reagieren (z. B. kann ein anderes Teammitglied sich um einen Kunden kümmern, wenn ein Mitarbeiter im Urlaub ist).
Wettbewerb
Heutzutage behaupten sich vor allem wenige „Big Player". Diese Industrieführer dominieren ganze Ökonomien und machen enorme Profite. Wenn man sich zum Beispiel Microsoft mit der Office-Produktfamilie (Word, Excel, PowerPoint …) anschaut, wird klar, dass es enorm viel Vernetzung und geteilten Wissens bedarf, um die geteilten Softwarecodes und ihre Weiterentwicklung zu koordinieren. Dies ist in Teams wesentlich einfacher, als wenn Tausende von individuellen Programmierern koordiniert werden müssten.
Informationsgesellschaft
In der heutigen Informationsgesellschaft sind Angestellte lernende Mitarbeiter und Teams sind lernende Teams. In Teams können Mitarbeiter voneinander lernen, Wissen kann besser gespeichert und transferiert werden und es entstehen Synergieeffekte (z. B. dadurch, dass man ein Teammitglied auf eine Fortbildung schickt und dieses dann sein neu erworbenes Wissen an die anderen Teammitglieder weitergibt). Transak-

Teams reagieren flexibler auf Kunden

Mit Teams kann auf den stärkeren Wettbewerb besser reagiert werden

Lernen in Teams ist effektiver

tive Wissenssysteme in Gruppen erlauben eine qualitativ andere Informationsspeicherung und -verarbeitung, als dies auf individueller Ebene möglich ist (vgl. Brauner, 2003).

Globalisierung
Schließlich stellt die Globalisierung eine weitere Herausforderung dar, auf die teambasierte Organisationen effektiver reagieren können. Globalisierung und andere Formen organisationalen Wandels wie grenzüberschreitende Fusionen erfordern Mitarbeiter, die flexibel sind und über spezielles Wissen (nicht nur gute Sprachkenntnisse) verfügen. Diese Mitarbeiter müssen aber lernen, ihr Wissen im Austausch mit anderen Spezialisten auch anzuwenden und auszutauschen. Teamstrukturen helfen, zu synchronisieren und zu koordinieren.

Teams als Reaktion auf die Globalisierung

Wir wollen vor allem den Aspekt der größeren Innovationskraft von teambasierten Organisationen betonen und die oben genannten Bereiche noch um die folgende Liste erweitern:

Weitere Gründe, Teamarbeit einzuführen

– Flache, teambasierte Strukturen können einfacher koordiniert werden (Informationen müssen zum Beispiel nicht in einer großen Versammlung an 100 Einzelpersonen weitergegeben werden, sondern in einem kleinen Meeting an 10 Teamleiter).
– Diese flacheren Hierarchien erleichtern es der Organisation auch, ihre Strategien umzusetzen. Teamstrukturen erlauben, flexibel auf Veränderungen zu reagieren und neue Strategien schneller „nach unten" zu kommunizieren.
– Teams ermöglichen es Organisationen, zu lernen. Verlassen ein oder mehrere Teammitglieder die Organisation, bleibt ihr Wissen der Organisation (zumindest in Teilen) durch die anderen Teammitglieder erhalten (vgl. Brodbeck, 2004).
– Besonders abteilungsübergreifende Teams (cross-funktionale Teams) fördern ein verbessertes Qualitätsmanagement. Wenn die unterschiedlichen Sichtweisen und Standpunkte der Teammitglieder gut integriert werden, führt die Verschiedenheit zu mehr Qualität und Innovation (West, 2002).
– Cross-funktionale Teams sind besonders geeignet, etwas radikal zu verändern und ganz neue Wege zu gehen. Wenn ihre unterschiedlichen Sichtweisen diskutiert und integriert werden, können eingefahrene Prozesse aufgedeckt und infrage gestellt werden und neue Produkte oder Wege, diese herzustellen, eingeführt werden (vgl. Guzzo & Dickson, 1996).
– Dadurch, dass Prozesse, die bei individuell arbeitenden Personen nacheinander erfolgen, in Teams parallel ablaufen können, wird Zeit eingespart.
– In Bezug auf Erfolg von Organisationen hat eine Studienübersicht ergeben, dass teambasierte Strukturen sowohl förderlich für Effizienz als auch für Qualität sind (Applebaum & Batt, 1994).

- Dadurch, dass sich Teammitglieder gegenseitig anregen, werden Kreativität und Innovation gefördert (vgl. West, Tjosvold & Smith, 2003).
- Mitarbeiter arbeiten gerne im Team: Commitment, Identifikation und das Wohlbefinden der Mitarbeiter sind in teambasierten Organisationen größer als in herkömmlichen Strukturen (vgl. West & Markiewicz, 2004). Immer wieder konnte gezeigt werden, dass Menschen, die in Teams arbeiten und die sich mit ihrem Team stärker identifizieren, sich auch gegenseitig mehr unterstützen – dies führt wiederum zu weniger Burnout, mehr Zufriedenheit und besserer Gesundheit (Häusser et al., 2012; siehe zusammenfassend Haslam & van Dick, 2011; van Dick & Haslam, 2012).
- Individuelles Lernen wird gefördert, die Teammitglieder bekommen Anregungen und können sich gegenseitig auf Fehler aufmerksam machen und dadurch Irrwege und Irrtümer vermeiden helfen.
- Teamentwicklungsmaßnahmen haben sich in einer Metaanalyse (siehe Infobox 2) von insgesamt 131 Studien als die Strategien von organisationalem Wandel herausgestellt, die den größten positiven finanziellen Gewinn erbrachten (vgl. Macy & Izumi, 1993).

Infobox 2: Metaanalyse

Die Metaanalyse ist ein statistisches Verfahren, um die Resultate aus verschiedenen, aber vergleichbaren Studien in einem bestimmten Bereich zusammenfassend zu analysieren. Dabei können insbesondere Trends über längere Zeiträume oder für verschiedene Bedingungen (sogenannte Moderatoreffekte) ermittelt werden (vgl. Hunter, Schmidt & Jackson, 1982).

Metaanalyse als Zusammenfassung von vielen Einzelstudien

In Bezug auf tatsächliche Effektivitätskennzahlen sei abschließend noch ein Befund aus einer aktuellen Studie der Gruppe um Michael West berichtet. In breit angelegten Befragungsstudien mit Interviews von Managern und Angestellten sowie Fallstudien von insgesamt 61 Krankenhausverbünden im britischen Gesundheitssystem konnte ein eindeutiger Zusammenhang zwischen der Anzahl der Mitarbeiter, die in Teams arbeiten, und der Patientensterblichkeit ermittelt werden (vgl. West, Guthrie, Dawson, Borrill & Carter, 2006). In Abbildung 2 ist dieser Zusammenhang dargestellt. Im Durchschnitt hatten Krankenhäuser, in denen mindestens 60 % der Mitarbeiter in Teams arbeiteten, eine 5 % geringere Sterblichkeit gegenüber Krankenhäusern mit geringeren Anteilen von Mitarbeitern in Teams (der Wert „100" stellt in der Abbildung die durchschnittliche Sterblichkeit dar). Dieser Effekt ist beachtlich, zumal andere Faktoren, wie Größe oder Lage der Klinik, in den Analysen kontrolliert wurden (siehe auch das Fallbeispiel in Kapitel 5.2).

Huselid (1995) hat für verschiedene Maßnahmen des Personalmanagements Effekte für Leistungsindikatoren berechnet. Wendet man seine Formeln auf

Abbildung 2:
Zusammenhang zwischen teambasierter Arbeit und Patientensterblichkeit
(nach Borrill & West, 2003)

das obige Beispiel an (und wenn man die Kausalrichtung vom Ausmaß der Teamarbeit auf Patientensterblichkeit unterstellt), würde eine fünfundzwanzigprozentige Erhöhung des Anteils von Mitarbeitern, die in Teams arbeiten, einhergehen mit einer Reduktion der Todesfälle nach Notoperationen um 7% – dies entspricht 275 weniger Todesfällen pro 100.000 Operationen. Warum eine Erhöhung des Anteils an Mitarbeitern in Teams über 60% hinaus keine Verbesserung mehr erbringt, ist zurzeit noch nicht geklärt.

1.5.2 Nachteile von Teamarbeit

Gefahren und potenzielle Nachteile der Teamarbeit

Neben den oben beschriebenen Vorteilen, die das Arbeiten in Teams mit sich bringt, gibt es allerdings auch einige potenzielle Nachteile von Teamarbeit, die hier kurz angesprochen werden sollen. Als erstes sei erwähnt, dass es aufgrund der größeren Anonymität in Gruppen (der Einzelne kann sich leichter „verstecken") häufiger zu abweichendem und kontraproduktivem Verhalten wie Lügen, Diebstahl oder Betrug kommen kann (Erez, Elms & Fong, 2005; siehe Nerdinger, 2008). Dies ist besonders dann der Fall, wenn es in der Gruppe eine Norm für solches Fehlverhalten gibt, z. B. weil sich die Arbeiter einig sind, dass ihr Betrieb sie unfair behandelt und es deshalb angemessen ist, Material oder Werkzeug „mitzunehmen", oder dass es in Ordnung ist, montags „blau zu machen" (Bamberger & Biron, 2007). Auch kann es in Teams zu mehr Aggressionen (Glomb & Liao, 2003) oder Mobbing (Escartin, Ullrich, Zapf, Schlüter & van Dick, in press) kommen – wenn z. B. die Rahmenbedingungen schlecht sind und/oder ein aggressives Klima herrscht.

- *Leistungsverluste durch Motivationsprobleme* (siehe z. B. Schulz-Hardt, Greitemeyer, Brodbeck & Frey, 2002; Stangor, 2004)

Zunächst gibt es das gut dokumentierte Phänomen, dass Menschen, die eine Aufgabe in einer Gruppe bearbeiten, häufig etwas weniger leisten, als wenn man die Leistung der gleichen Anzahl von Menschen einfach aufsummieren würde (siehe Kerr & Tindale, 2004). Wenn z. B. drei Personen an einem Seil ziehen, ist die aufgewendete Kraft geringer, als wenn man die maximale Kraft der einzelnen Gruppenmitglieder addieren würde. Selbst wenn man Koordinationsverluste ausgleicht, indem man allen Gruppenmitgliedern ausreichend Platz einräumt und sie durch Kommandos so steuert, dass sie im idealen Moment exakt gemeinsam am Seil ziehen, erhält man oft eine Leistung, die hinter die potenzielle Maximalleistung zurückfällt. Dieses Phänomen wurde seit über 30 Jahren in ganzen Serien von Studien beobachtet, bei so unterschiedlichen Aufgaben wie Brainstorming, Tauziehen, lautem Rufen usw. Ingham und Kollegen (1974) machten dafür Motivationsverluste verantwortlich. Das heißt, das einzelne Gruppenmitglied strengt sich in einer Gruppe etwas weniger an, als es könnte; ein Effekt, den Ingham und Mitarbeiter mit dem Ausdruck *social loafing*, soziales Faulenzen, bezeichnet haben. Auch ein ähnlicher Effekt, das *free riding* oder *Trittbrettfahren*, wurde beobachtet, dies ist eine reduzierte Leistung, weil man sich auf die anderen Teammitglieder verlässt. Schließlich gibt es den *Sucker-Effekt*, der daraus resultiert, dass ein Gruppenmitglied denkt, andere Gruppenmitglieder würden faulenzen oder Trittbrettfahren, und dann deshalb seine eigene Leistung etwas reduziert.

Durch Motivationsverluste kann es zu Leistungsverlusten kommen

Einige Autoren sehen diese unerwünschten Effekte als mehr oder weniger unvermeidbar immer dort an, wo in Gruppen gearbeitet wird, ohne dass die Einzelleistungen explizit berücksichtigt werden. Konsequenterweise zielen Vorschläge zur Überwindung der Effekte vor allem auf das Individuum ab. So wurde zum Beispiel vorgeschlagen, die Leistung der einzelnen Gruppenmitglieder identifizierbar zu machen (siehe Thompson, 2003). Aufgrund der Erkenntnisse von Metaanalysen und unseren eigenen experimentellen Arbeiten schlagen wir jedoch zusätzlich eine andere Möglichkeit vor. In Metaanalysen (siehe Infobox 2) haben Karau und Williams (Karau & Williams, 1993; Williams, Karau & Bourgeois, 1993) herausgefunden, dass *social loafing* vor allem dort auftritt, wo die Gruppen keine gemeinsame Vergangenheit oder Zukunft haben oder die Aufgabe für die Gruppenmitglieder ohne Bedeutung ist. Handelt es sich bei den Gruppen jedoch um Teams, die schon länger zusammenarbeiten und für die die Aufgabe wichtig ist, ermittelte man sogar den gegenteiligen Effekt zum social loafing, das sogenannte *social labouring*, oder die soziale Anstrengungsbereitschaft (z. B. Haslam, 2004; van Dick, 2004b). In unseren eigenen Studien konnten wir zum Beispiel zeigen, dass Gruppenmitglieder in Brainstorming-Aufgaben und bei einfachen manuellen Tätigkeiten mehr leisteten, wenn sie tatsächlich als Gruppe arbeiten konnten, sich vorher kannten, oder sich im Wettbewerb mit anderen Gruppen befanden (van Dick, Stellmacher, Wagner, Lemmer & Tissington, 2009; vgl. van Dick, Tissington & Hertel, 2009). In diesen Studien haben wir zum Beispiel (siehe van Dick, 2004a, für Details) Lehrkräfte Ideen zum Umgang mit schwierigen Schülern generieren lassen. In einer Bedingung wurde den Lehrerinnen und Lehrern gesagt, sie würden individuell arbeiten und wir würden uns für ihre jeweiligen Ideen interessieren. In einer zweiten Bedingung, in denen wir den Lehrkräften sagten, uns würden nicht die Ideen der Einzelnen interessieren, sondern wir würden die Lehrer in einem Raum als Gruppe betrachten und uns nur die Ideen der ganzen Gruppe ansehen, trat tatsächlich der Effekt des Faulenzens auf und es wurden weniger Ideen produziert. In einer dritten Bedingung jedoch, in der wir zusätzlich sagten, dass wir die Ideen dieser Gruppe mit anderen Gruppen vergleichen würden, entwickelte sich ein „Wir"-Gefühl und es wurden sogar mehr Ideen produziert als in der Einzelbedingung.

Wenn in der Gruppe also das Gefühl besteht, dass sich einige Teammitglieder auf Kosten anderer ausruhen, schlagen wir vor, mit Teamentwicklungsmaßnahmen das Zusammengehörigkeitsgefühl im Team zu stärken (siehe Kapitel 4). Ein weiterer, durch empirische Studien gut belegter Effekt in der Gruppe mehr zu leisten, ist der nach Otto Köhler benannte *Köhler-Effekt*, der beschreibt, dass sich schwächere Individuen in der Gruppe besonders anstrengen (z. B. Hertel, Kerr & Messé, 2000).

- *Schlechte Problemlösungen*

Manchmal führt die Arbeit in Teams zu schlechten Problemlösungen

In Gruppen wird oft beobachtet, dass die getroffenen Entscheidungen hinter den Erwartungen zurückbleiben (siehe Kerr & Tindale, 2004). In sogenannten hidden-profile-Studien (Kerschreiter, Mojzisch, Schulz-Hardt, Brodbeck & Frey, 2003), in denen die einzelnen Teammitglieder jeweils nur über bestimmte Informationen verfügen, kommt es selten (in weniger als 30 % der Fälle) zu einem optimalen Informationsaustausch, der zur richtigen Entscheidung führen würde. Die einzelnen Gruppenmitglieder neigen dazu, Informationen, die allen zur Verfügung stehen (sogenannte geteilte Information), gegenüber spezifischen Informationen, die nur bestimmte Mitglieder besitzen und die deshalb eigentlich besonders wertvoll sind, überzubewerten. Eine andere Tendenz, die optimalen Informationsaustausch verhindert, ist diejenige, einmal gefasste Präferenzen beizubehalten und dann nur noch solche Informationen zu diskutieren, die diese Präferenzen unterstützen. Brodbeck und Kollegen (Brodbeck, Kerschreiter, Mojzisch & Schulz-Hardt, 2007; Brodbeck, Kerschreiter, Mojzisch, Frey & Schulz-Hardt, 2002) schlagen eine Reihe von Methoden vor, diese Probleme zu reduzieren. Wichtig scheint dabei vor allem zu sein, die Gruppe für die Notwendigkeit, *alle* Informationen auszutauschen, zu sensibilisieren.

Eine Gefahr bei der Teamarbeit, die mit den beschriebenen Problemen beim

Informationsaustausch und der Entscheidungsfindung eng zusammenhängt, ist das Phänomen des sogenannten *groupthink*, das Gruppendenken (Janis, 1982). Hierunter versteht man, dass Gruppen, und zwar gerade solche, die einen engen Zusammenhalt haben und deren Aufgaben eine Bedeutung haben, manchmal extrem schlechte Entscheidungen treffen, die im Nachhinein für die Gruppe von großem Nachteil sein können. Diese Nachteile werden aber zum Zeitpunkt der Entscheidungsfindung nicht gesehen, weil die Gruppe sich unverwundbar fühlt, gleichzeitig unter großem Zeitdruck und Stress eine Entscheidung treffen soll, und weil unerwünschte Informationen und Warnungen nicht beachtet werden. Strategien, die hier empfohlen werden können, sind zum Beispiel:

Falsche Entscheidungen aufgrund von Gruppendenken (groupthink)

– das Zusammentragen aller Informationen vor der Entscheidungsfindung,
– den Einsatz eines sogenannten advocatus diaboli, also eines Gruppenmitgliedes, das ganz bewusst Nachteile möglicher Alternativen betonen und Kritik üben soll,
– das Arbeiten in zwei oder mehr Gruppen, die zunächst getrennt nach Lösungen suchen,
– das Hinzuziehen externer Berater.

Eine weitere Technik zur Reduktion von Gruppendenken werden wir in Kapitel 4.3.9 vorstellen. Die oben genannten Strategien können manchmal durchaus hilfreich sein, sollten aber nicht unkritisch oder zu stark eingesetzt werden. Insbesondere der advocatus diaboli oder der externe Berater kann sogar dazu beitragen, dass die Gruppe sich noch stärker als Gruppe sieht und sich den kritischen Stimmen noch weiter verschließt (siehe Haslam, 2004; Nemeth, Rogers & Brown, 2001). Und schließlich sei noch erwähnt, dass Gruppendenken nicht in jedem Fall schlecht sein muss. Haslam und seine Mitarbeiter führten zum Beispiel ein Experiment durch, bei dem die Teilnehmer (fiktiv) das Projekt verfolgen sollten, einen Kindergarten zu bauen. Dabei sollten sie in verschiedenen Phasen angeben, wie viel Geld sie investieren würden und wie stark sie sich mit der Projektgruppe identifizierten. Sie bekamen nach und nach neue Informationen, die zum Teil eher kritisch waren (z. B. dass das Baugrundstück möglicherweise belastet sei und zusätzliche Entsorgungskosten entstehen würden). Diejenigen, die sich stark mit der Gruppe identifizierten, blieben bei ihrem anfänglichen Enthusiasmus für das Projekt und verfolgten es trotz der kritischen Informationen weiter – ob Gruppendenken in der Realität also immer schädlich ist, hängt auch vom jeweiligen Projektziel ab (siehe Haslam, Ryan, Postmes, Spears, Jetten & Webley, 2006).

- *Probleme in der Zusammenarbeit mit anderen Teams*

Als letzten potenziellen Nachteil wollen wir kurz auf Probleme in der Zusammenarbeit mit anderen Teams eingehen: Aufgrund von Intergruppenprozessen (Wagner, 2001) kommt es fast unweigerlich zu Problemen, bis

Mangelnde Zusammenarbeit mit anderen Teams

hin zu Feindseligkeiten, in der Zusammenarbeit zwischen Teams. Dies gilt vor allem dort, wo es um begrenzte Ressourcen geht, also zum Beispiel nur ein Team in das renovierte Gebäude einziehen darf, nur für ein Team ein weiterer Mitarbeiter eingestellt werden kann usw., aber auch da, wo kein Geld oder Ähnliches im Spiel ist (Hennessy & West, 1999). An Universitäten kann man zum Beispiel häufig Konflikte zwischen Fachbereichen, Instituten innerhalb von Fachbereichen oder Arbeitsgruppen innerhalb von Instituten beobachten – zum Teil geht es um Ressourcen wie Räume oder Stellen, zum Teil – und oft sogar vorrangig – um identitätsrelevante Aspekte: „Wir sind besser als die anderen, weil wir mehr Studierende ausbilden" sagen die einen – „Wir sind besser als die anderen, weil wir uns intensiver um unsere wenigen Studierenden kümmern" sagen die anderen. In Organisationen sind dies die bekannten Konflikte zwischen Innen- und Außendienst, zwischen Produktion und Vertrieb usw. (vgl. Spieß, 2003). Als Lösungen kommen hier alle Mittel infrage, die die gemeinsame Zugehörigkeit zur übergeordneten Gruppe und die gemeinsame Aufgabe betonen (vgl. van Knippenberg, 2003). Innen- und Außendienst sollten also kontinuierlich daran erinnert werden, das sie nur gemeinsam profitabel arbeiten können und das sie zusammen der gleichen Organisation angehören – mit Betriebsfesten für die gesamte Belegschaft und deutlichen Hinweisen auf Konkurrenten kann dies unterstützt werden. Gegenseitige Einladungen zu Teammeetings, Austausch in Form von Kolloquien usw. können ebenfalls hilfreich sein, um die Zusammenarbeit über Teamgrenzen hinweg zu stärken. Für eine gute Übersicht über Ursachen und Lösungen für Konflikte siehe Regnet (2007).

Richter und Kollegen (2006) führten zur Zusammenarbeit zwischen Teams eine Studie mit 40 Teams in fünf englischen Krankenhäusern durch. In Phase 1 wurden die Teammitglieder und die sogenannten *boundary spanner*, also die Teammitglieder (häufig die Teamleiter), die mit den anderen Teams am häufigsten Kontakt hatten, gefragt, wie stark sie sich mit dem eigenen Team und dem Krankenhaus identifizierten, wie viel Kontakt sie zum anderen Team haben und wie starke Konflikte sie in der Zusammenarbeit mit dem anderen Team wahrnahmen. In einer späteren Phase wurden die Führungskräfte der nächsthöheren Ebene gefragt, als wie effektiv sie die Zusammenarbeit zwischen den jeweiligen Teams einschätzten. Die Ergebnisse zeigten eindeutig, dass Teams dann besonders gut zusammenarbeiten und wenige Konflikte haben, wenn sich die Teammitglieder besonders stark mit ihren Teams *und* dem Krankenhaus als Ganzes identifizierten. Dieser positive Effekt wurde noch verstärkt, wenn die boundary spanner zweier Teams besonders häufig miteinander Kontakt hatten. Die Ergebnisse waren dabei identisch für die durch die Teammitglieder eingeschätzten Konflikte und die Vorgesetztenurteile über die Zusammenarbeit.

Insgesamt wollen wir festhalten, dass Teamarbeit eine Reihe von positiven Effekten bewirken kann. Selbstverständlich gibt es nach wie vor Tätigkeiten, die besser von Individuen in Einzelarbeit ausgeführt werden können und sollen. Unserer Meinung nach ist Teamwork aber heutzutage an vielen Stellen einfach notwendig, um die Herausforderungen der modernen Arbeitswelt erfolgreich bewältigen zu können. Arbeiten im Team ist gut für die Organisation und für die Zufriedenheit und das Wohlbefinden ihrer Mitglieder.

Nach wie vor gibt es Wissenschaftler, die die tatsächliche höhere Effektivität von Arbeiten im Team bezweifeln. Basierend auf ausgewählten Studien kommen z. B. Allen und Hecht (2004) zu dem Ergebnis, dass Teamarbeit oft „romantisch" verklärt wird, d. h. dass Manager oder Teamarbeiter *glauben*, Teams würden besser arbeiten, ohne dass dies aber faktisch so sei. West, Brodbeck und Richter (2004) kommen im Gegensatz – basierend auf einer Übersicht über die dazu existierenden Metaanalysen – sehr wohl zu dem Ergebnis, dass Teamarbeit auch zu mehr Effektivität und Produktivität führt (z. B. berichten Macy & Izumi, 1993, einen Zusammenhang von $r = .39$ zwischen Einführung von Teamarbeit und einer Steigerung finanzieller Performanz).

Teameffektivität als romantische Verklärung?

Gut entwickelt und geführt können Teams Spitzenleistungen erbringen. Man sollte sich aber auch der Gefahren und Probleme der Teamarbeit bewusst sein. Die in Kapitel 3 und 4 dargestellten Verfahren sollen dazu beitragen, diese Probleme zu erkennen und zu lösen.

2 Modelle

In diesem Kapitel werden vor allem drei wichtige Aspekte behandelt. Im ersten Teil geht es darum, wie Teams sich formieren und über die Zeit hinweg verändern. Wir werden vor allem zwei einflussreiche Modelle diskutieren, die sich zum einen auf relativ langfristig bestehende Gruppen und zum anderen auf Gruppen mit kurzzeitiger Perspektive beziehen. Anschließend werden wir das Input-Prozess-Output-Modell von West et al. (1998) darstellen und einige seiner zentralen Variablen ausführlicher erörtern. Schließlich werden wir auf zwei Modelle zu Innovation und Reflexivität in Teams eingehen, die dann auch im weiteren Verlauf dieses Buches bei der Beschreibung von Diagnoseverfahren und Entwicklungsmaßnahmen eine Rolle spielen. Abschließend werden Aspekte der Arbeit in virtuellen Teams behandelt.

2.1 Modelle der zeitlichen Entwicklung und Veränderung von Teams

Modelle der zeitlichen Veränderung von Teams

Teams werden nicht einfach durch eine Entscheidung des Managements „geboren" und sind unmittelbar danach voll funktionstüchtig. Zum einen bestehen Teams aus Individuen – in der Regel dauert es eine Weile, bis sich die verschiedenen Teammitglieder aufeinander eingestellt und Beziehungen zueinander entwickelt haben, die zum Beispiel gegenseitiges Vertrauen ermöglichen. Zweitens sind, gerade bei neu gebildeten Teams, die Aufgaben und/oder die Art, die Aufgabe zu lösen, unklar und es erfordert Abstimmung und Kommunikation, um sich über optimale Wege klar zu werden. Zwei Modelle, wie sich neu gebildete Teams entwickeln, sollen im Folgenden diskutiert werden. Zunächst wird das bereits in Kapitel 1.2.3 kurz eingeführte Phasenmodell der Teamentwicklung von Tuckman (1965; Tuckman & Jensen, 1977) vorgestellt, das sich auf Gruppen mit relativ langer Lebensdauer bezieht. Anschließend gehen wir kurz auf das Punctuated-Equilibrium-Modell von Gersick (1988) ein, das sich auf Gruppen mit festgelegter Lebensdauer (definiert zum Beispiel durch eine Deadline, zu der ein Projekt abgeschlossen sein muss) bezieht.

Das Phasenmodell von Tuckman

Betrachten wir zunächst das Modell von Tuckman. Dieses Modell nimmt an, dass ein Team in seiner Entwicklung fünf Phasen durchläuft. Die Phasen wurden weiter oben bereits kurz dargestellt, sollen hier aber detaillierter diskutiert werden. In Abbildung 3 sind die Grundannahmen des Modells zusammengefasst.

Forming: Unsicherheit, erste Regeln

Wie in Abbildung 3 dargestellt, nimmt Tuckman an, dass ein Team fünf verschiedene Phasen durchläuft. Begonnen wird mit der Phase des *Forming*. Diese ist gekennzeichnet durch: Unsicherheit, Konfusion, Ausloten der Situation, Einführen erster Regeln und Austesten von Regelüberschreitungen,

Abbildung 3:
Phasenmodell der Teamentwicklung von Tuckman und Jensen
(1977, nach Brodbeck, 2004, S. 429)

das Sich-miteinander-Bekanntmachen und die Definition erster Ziele. Man wendet sich langsam der Aufgabe zu, die Beziehungen zueinander sind noch völlig offen und unklar. In der zweiten Phase, dem *Storming*, kommt es häufig zu Unstimmigkeiten über Prioritätensetzungen bei verschiedenen Zielen, es kommt zu Machtkämpfen um die Führungsrolle, zu Spannungen bis hin zu Feindseligkeiten und zur Bildung von Subgruppen oder Cliquen. Die Beziehungen sind eher konfliktbeladen, es kommt aber langsam zu einer ersten Abstimmung über die Arbeitsorganisation und -abläufe. Die dritte Phase, das *Norming*, ist gekennzeichnet durch Konsensbildung, durch eine etablierte und akzeptierte Führungsperson (oder einen anderen Modus der Führung, wie z.B. alternierender Vorsitz etc.). Auch die übrigen Teammitglieder haben ihre Rollen gefunden und es wird verstärkt kooperiert. Die Beziehungen sind nun harmonischer und die Gruppe wendet sich verstärkt der Aufgabe zu. Dies wird in der vierten Phase, dem *Performing*, noch verstärkt – nun arbeitet man erfolgreich zusammen, man kooperiert, Rollen (z.B. die Führung der Gruppe) können durchaus flexibel zwischen Personen wechseln. Man geht offen miteinander um, hilft sich gegenseitig und die Aufgabenbearbeitung verläuft erfolgreich. Nicht für alle Teams ist die fünfte Phase relevant. Diese Phase des *Adjourning* bezieht sich auf Teams, die zwar relativ langfristig zusammen sind, aber nach Erledigung eines Auftrages wieder auseinandergehen und deren Mitglieder zum Beispiel innerhalb der Organisationen in neu zusammengesetzten Teams an anderen Aufgaben arbeiten. In dieser Phase sind die Teammitglieder häufig traurig über das bevorstehende Ende des Teams und man macht sich Sorgen über die eigene Zukunft. Im Sinne des Unternehmens ist ein reibungsloser Ablauf dieser Phase sehr wichtig, zum Beispiel müssen abschließende Dokumentationen über die Arbeit des Teams erstellt werden, die anderen Mitarbeitern auch noch nach einiger Zeit helfen, Fehler zu finden und zu korrigieren oder erfolgreiche Prozesse auf andere Aufgaben zu übertragen. Moderne Organisationen versuchen zum Beispiel, ehemalige Mitarbeiter in Alumni-Netzwerken zu organisieren, um die letzte Phase zu organisieren.

Während Tuckman und Jensen den Phasenverlauf als relativ linear angenommen und beschrieben haben, hat die Forschung gezeigt, dass es auch durchaus zu Rückschritten kommen kann. Brodbeck (2004) hat diese dynamische Sichtweise übernommen und Schleifen in das Modell integriert, die ausdrücken sollen, dass ein Team z. B. von der Performing-Phase zurück in die Norming-Phase oder von dieser in die Storming-Phase fallen kann, wenn es, zum Beispiel durch die Integration neuer Mitarbeiter, erneut zu Rollenunklarheiten kommt, wenn sich die Aufgaben verändern oder wenn es zu Meinungsverschiedenheiten kommt (siehe Abbildung 3).

Die zeitliche Entwicklung von temporären Teams

Wie bereits angedeutet, hat das Phasenmodell nach Tuckman besonders für permanente Teams Gültigkeit, obwohl mit der Phase des Adjourning auch in diesem Modell einem potenziellen Ende des Teams Rechnung getragen wird. Was passiert aber in einer temporär angelegten Arbeitsgruppe, die von Vornherein eine begrenzte und fest definierte Lebensdauer hat? Solche Arbeitsgruppen sind in der Realität recht häufig zu finden, zum Beispiel dort, wo Angebote zu einer bestimmten Deadline abgegeben werden müssen, ein Wahlkampfteam am Wahlabend seine Aufgabe erledigt hat, ein Marketingteam mit dem Launch des neuen Produktes sein Ende erreicht usw. Gersick (1988) hat für solche Teams ein alternatives Modell entwickelt, das durch ihre eigene Forschung auch bestätigt wurde (Gersick, 1989). Dieses sogenannte *Punctuated-Equilibrium-Modell* ist in Abbildung 4 skizziert.

Das Punctuated-Equilibrium-Modell ist trotz seiner vielleicht etwas komplizierten Bezeichnung recht einfach. Gersick nimmt in ihrem Modell nur zwei Phasen an: Nach der ersten Zusammenkunft als Team beginnt man sofort mit der Aufgabenbearbeitung, allerdings auf einem relativ niedrigen Leistungsniveau. Gersick selbst hat mit interessanten Gesprächsprotokollen zeigen können, dass es ziemlich genau in der Mitte zwischen erstem Treffen und der Deadline (z. B. dem Abgabetermin) zu einer sogenannten Transition, einem „Aufwachen" des Teams kommt. Man wird sich der Deadline bewusst und arbeitet auf einem höheren Leistungsniveau weiter, häufig kommt es hier auch zu Krisen und zu Konflikten. Das Leistungsniveau kann sich dann innerhalb

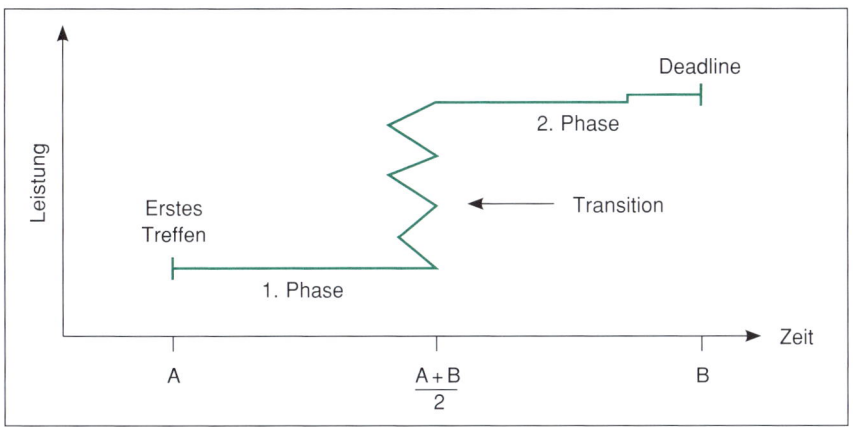

Abbildung 4:
Modell der Entwicklung temporärer Teams von Gersick
(1988, nach Robbins & Judge, 2013, S. 310)

dieser Phase kurz vor Erreichen der Deadline noch einmal steigern. Mit dem Abgabetermin ist die Lebensdauer der Gruppe beendet.

Die beiden diskutierten Modelle können der Führungskraft oder dem Personaler bei der in Kapitel 4 besprochenen Teamentwicklung helfen zu verstehen, wann ein Team welche konkreten Hilfen braucht. So kann zum Beispiel mit den Modellen vorhergesagt werden, wann bei der Teamentwicklung eher Konflikte (in der Storming-Phase bei permanenten und der Transitionsphase bei temporären Gruppen) zu erwarten sind, die, wenn sie ungelöst bleiben, den Erfolg der Teamentwicklungsmaßnahme gefährden können. Welche Faktoren über die temporale Entwicklung hinaus für eine gute Teamarbeit eine Rolle spielen, soll im folgenden Abschnitt behandelt werden. Erwähnt sei noch, dass in der Entwicklung realer Arbeitsgruppen vermutlich beide Modelle eine Rolle spielen – auch Teams mit einer relativ begrenzten Lebensdauer werden Phasen erleben, in denen Rollen geklärt werden müssen (Storming) oder in denen man auseinandergeht (Adjourning). Gleichzeitig gibt es auch in permanenten Teams einzelne Projekte mit bestimmten Deadlines, bei denen dann zumindest Elemente des Modells von Gersick zum Tragen kommen.

Modelle helfen, die Teambedürfnisse zu verschiedenen Zeiten zu verstehen

2.2 Rollen im Team

2.2.1 Der Teamrollenansatz von Belbin

Teammitglieder haben eine ganze Reihe verschiedener Rollen inne. Am offensichtlichsten ist das für die Rolle des Teamleiters, auf die wir im nächsten Abschnitt eingehen. Aber auch alle anderen Teammitglieder füllen in-

Teammitglieder übernehmen spezifische Rollen im Team

nerhalb eines Teams verschiedene Rollen aus. Belbin (1993) nimmt an, dass Teammitglieder nicht nur aufgrund ihrer Persönlichkeit und ihrer Vorlieben verschiedene Rollen im Team einnehmen, sondern dass diese verschiedenen Rollen auch wichtig und notwendig für erfolgreiche Teamarbeit sind. Aufgrund seiner Studien an mehr als 200 Teams hat Belbin neun Rollen herausgearbeitet. Fast alle Menschen haben eine dieser Rollen als dominante Rolle inne – ihr Denken, Fühlen und Handeln besteht aber meistens aus einem Mix verschiedener Rollen. Tabelle 1 stellt die verschiedenen Rollen dar. Buchanan und Huczynski (2004) fassen die Annahmen Belbins folgendermaßen zusammen:

– Mitarbeiter werden üblicherweise aufgrund ihrer Passung zur funktionalen Rolle (z. B. Designer) ausgewählt, nicht nach den informellen Bedürfnissen, die gerade im Team bestehen (z. B. nach jemandem, der die guten Ideen der anderen Teammitglieder tatkräftig in die Praxis umsetzen kann). Idealerweise fallen die funktionale Rolle und die informellen Bedürfnisse des Teams zusammen, dies muss aber nicht so sein.
– Die individuellen Eigenschaften und Vorlieben prädestinieren einen Mitarbeiter für manche der unten beschriebenen Rollen und weniger für andere. Wichtig ist daher zu wissen, dass die Teamrollen individuelle Präferenzen darstellen, nicht die Erwartungen anderer.
– Individuen übernehmen in der Regel recht schnell eine oder zwei der beschriebenen Rollen.
– Mithilfe von Persönlichkeitstests und dem speziell dazu von Belbin (1993) entwickelten Fragebogen zur Selbstbeschreibung von Teamrollen kann gemessen und vorhergesagt werden, welche Rollen für welchen Mitarbeiter geeigneter sind als andere.
– In einem idealen Team sind alle neun Rollen besetzt, es gibt keine „Lücken" und die einzelnen Teammitglieder ergänzen sich gegenseitig. Dies bedeutet aber nicht, dass ein Team immer mindestens neun Mitglieder haben muss, weil einige Teammitglieder auch Doppelrollen innehaben können (siehe oben).
– Messung, Auswahl und Zuordnung von Mitarbeitern zu Teams sind entscheidende Managementaufgaben – wissen die Führungskräfte um die Rollen und die Stärken der Mitarbeiter, können sie Teams so zusammenstellen, dass eine erfolgreiche Zusammenarbeit wahrscheinlicher ist.

Belbins Ansatz wurde allerdings auch kritisiert, vor allem wurde bemängelt, dass die Art der Aufgabe keine Beachtung findet, dass sein Fragebogen zur Erfassung von Rollenvorlieben sehr vage formuliert und sehr subjektiv ist. Manche Autoren (Butcher & Bailey, 2000) haben auch die Annahme infrage gestellt, in einem idealen Team seien alle neun Rollen besetzt und alle Teammitglieder arbeiteten mit gleichem Einsatz an der Zielerreichung. Der Teamrollenansatz ist aber dennoch wichtig für das Verständnis grundlegender Prozesse in Teams. Er kann Führungskräften Anhaltspunkte für die Verteilung von Aufgaben bieten und dabei helfen, Konflikte zu verstehen und Lösungen zu finden. Wir werden daher in den Kapiteln 3 und 4 jeweils auf diesen Ansatz zurückkommen.

Tabelle 1:
Teamrollen nach Belbin (nach Beck & Fisch, 2003)

Rolle	Zentrale Merkmale
Der Koordinator	*Positive Eigenschaften:* Mitarbeiter-orientierter Führer, den Teamzielen verpflichtet, dominant, vertrauensvoll, im Team akzeptiert. *Schwächen:* Nicht unbedingt ein Ideenlieferant.
Der Macher	*Positive Eigenschaften:* Aufgaben-orientierter Führer, hoch leistungsmotiviert, will Ziele erreichen und bringt andere dazu, in diesem Sinne zu handeln, fordert heraus, provoziert, kann Hindernisse überwinden. *Schwächen:* Neigt zu Aggressionen – zwei oder drei Macher können zu Kämpfen und Konflikten im Team führen.
Der Erfinder	*Positive Eigenschaften:* In der Regel hochintelligent, dominant, kreativ, zeichnet sich durch originelle Ideen sowie radikale und unkonventionelle Problemlösestrategien aus. *Schwächen:* Berücksichtigt manchmal wichtige praktische Aspekte nicht, schwach in Führung und Kommunikation.
Der Wegbereiter	*Positive Eigenschaften:* Knüpft Verbindungen und Netzwerke, exploriert Möglichkeiten, umgänglich, enthusiastisch und unterstützend bei der Umsetzung von Ideen. *Schwächen:* Entwickelt selbst kaum Ideen, verliert nach anfänglichem Enthusiasmus häufig das Interesse.
Der Teamarbeiter	*Positive Eigenschaften:* Hält den Teamgeist aufrecht, diplomatisch, humorvoll, kann gut zuhören und mit schwierigen Menschen umgehen. *Schwächen:* Häufig unentschieden und manchmal zu rücksichtsvoll.
Der Beobachter	*Positive Eigenschaften:* Urteilt überlegt und genau nach Abwägung aller Argumente, ist besonders wichtig in Zeiten bedeutsamer Entscheidungen. *Schwächen:* Wirkt oft trocken und langweilig, manchmal auch überkritisch, kann nicht inspirieren und begeistern.
Der Umsetzer	*Positive Eigenschaften:* Zuverlässig, diszipliniert, praktisch veranlagt und vertrauensvoll, übernimmt Verantwortung und setzt Ideen in die Tat um. *Schwächen:* Wenig innovativ, nicht flexibel, greift neue Ideen und Möglichkeiten nur zögerlich auf.
Der Perfektionist	*Positive Eigenschaften:* Kümmert sich sorgfältig und gewissenhaft um die Details, bringt Dinge zu Ende, ist pünktlich und beharrlich. *Schwächen:* Manchmal überängstlich und kann schlecht delegieren.
Der Spezialist	*Positive Eigenschaften:* Hat wichtiges Spezialwissen, oft introvertiert und einzelgängerisch, sehr engagiert. *Schwächen:* Interessiert sich oft nur für Dinge in seinem engen Arbeitsbereich, kümmert sich wenig um die Interessen anderer.

2.2.2 Die Rolle der Teamleitung

Die Teamleitung hat eine Schlüsselstellung inne

Führungskräfte allgemein und Teamleiter im Besonderen haben bei der teambasierten Arbeit eine Schlüsselstellung inne (vgl. Wegge, 2004). Sie können zum Erfolg von Teamwork entscheidend beitragen, indem sie Rückmeldung geben, Ziele setzen oder Konflikte lösen (vgl. Kleinbeck, 2006). Diese und einige weitere Funktionen der Teamleitung stehen im Fokus dieses Abschnitts. Tabelle 2 gibt eine Übersicht über die verschiedenen Rollen der Teamleiter, die Aufgaben, die mit der jeweiligen Rolle verbunden sind und die Fähigkeiten, die für die Erfüllung der Aufgaben benötigt werden.

Tabelle 2:
Rollen und Aufgaben der Teamleitung (nach West, 2012, siehe auch Krüger, 2009)

Rolle	Aufgaben	Fähigkeiten
Koordinator	Ziele klären und vereinbaren, Arbeitsteilung und Prozesse organisieren, auf Zeiten achten, Abstimmungen mit anderen vornehmen	Verzichtet auf Dominanz, muss verbindlich aber hartnäckig sein
Moderator	Jeden zu Wort kommen lassen, Probleme in der Kommunikation erkennen und lösen, Zwischenergebnisse festhalten	Visualisieren können, neutral bleiben können, zusammenfassen und den roten Faden behalten können
Berater	Klären von Beziehungsproblemen zwischen Teammitgliedern, Fach- und Methodenfragen	Gesprächsführungstechniken beherrschen (z. B. aktives Zuhören), Alternativen aufzeigen können
Konfliktmanager	Rollenkonflikte lösen	Kommunikationsstrukturen und -probleme analysieren können, Grundverständnis von Mediationstechniken
Darsteller	Ergebnisse und Erfolge des Teams nach außen darstellen	Visualisieren, sprechen und überzeugen können
Repräsentant	Teaminteressen gegenüber Organisation und anderen Teams vertreten	Selbstbewusstsein
Verhandlungsführer	Über Ressourcen wie Zeit, Geld, Ausstattung mit der Organisation verhandeln können	Realistisch sein können, Verhandlungsstrategien beherrschen

Der ideale Teamleiter wechselt je nach den Anforderungen der Situation problemlos zwischen transaktionalem und transformationalem Führungsstil hin und her (siehe Infobox 3).

> **Infobox 3:**
> **Transaktionaler und transformationaler Führungsstil**
>
> Unter transaktionaler Führung versteht man einen Teamleiter, der die Teammitglieder motiviert, indem er Ziele klärt, Rollen verteilt, die Anforderungen der Aufgaben betont. Ein transaktionaler Führungsstil zeichnet sich durch einen kontingenten Einsatz von Belohnungen und Bestrafung sowie dadurch aus, dass ein fairer Austausch zwischen Leistungen der Führung bzw. der Organisation und der Angestellten besteht. Der Mitarbeiter weiß bei einem guten transaktionalen Teamleiter immer genau, wann er für welche Leistung belohnt wird und sieht die Regeln, die zu Belohnungen führen, als fair an. Ein transformationaler Teamleiter inspiriert die Teammitglieder, er gibt Visionen vor und betont die Entwicklungspotenziale der Teammitglieder. Ein transformationaler Führungsstil geht über Austauschprozesse hinaus – Mitarbeiter werden motiviert durch die Aktivierung übergeordneter Ziele (Burns, 1978). Eine gute Führungskraft beherrscht sowohl den transaktionalen wie den transformationalen Führungsstil und setzt diese unterschiedlich ein – je nachdem, was die Situation erfordert (siehe Robbins & Judge, 2012).

Transaktionale und transformationale Führung

Ein Teamleiter kann den Wechsel zwischen diesen Führungsstilen nur authentisch und ohne Schwierigkeiten vornehmen, wenn er ganzheitlich in alle oben genannten Rollen schlüpfen kann. Die Aufgaben des Teamleiters lassen sich zu den folgenden drei Hauptgruppen zusammenfassen:

1. *Management:* Die Managementaufgabe des Teamleiters besteht zunächst darin, das Team zusammenzustellen. Dann müssen aufgrund der individuellen Präferenzen und Fähigkeiten (siehe oben) Rollen geklärt und verteilt werden, Arbeitsaufgaben fair zwischen den Teammitgliedern verteilt und Ziele erklärt und vereinbart werden. Dabei geht es im Wesentlichen um planerische, organisatorische Tätigkeiten wie Koordination und Abstimmung.
2. *Führung:* Der Führungsaspekt besteht vor allem darin, dass der Teamleiter eine Vision vorgibt und diese auch durch sein eigenes Beispiel verkörpert. Weiterhin ist der Teamleiter als Führungsperson gefragt, wenn es zu ernsten Krisen im Team kommt und wenn es um Verhandlungen mit anderen Teams und der Organisation geht.
3. *Coaching:* Die Coachingfunktion muss ein Teamleiter immer dann ausüben, wenn er einzelne Teammitglieder bei der Bewältigung schwieriger Aufgaben unterstützt, wenn er mit Mitarbeitern über persönliche Entwicklungspotenziale spricht und auch, wenn es zu Konflikten zwischen einzelnen Teammitgliedern kommt (vgl. Rauen, 2008).

Aufgaben der Teamleitung

Managen = planen, organisieren

Führen = Visionen vermitteln

Coachen = beraten, unterstützen

2.3 Das Input-Prozess-Output-Modell der Teamarbeit

Will man analysieren, wie Gruppenleistungen zustande kommen, bietet es sich an, die verschiedenen Faktoren, die zu mehr oder weniger produktiver Arbeit beitragen, in Voraussetzungen (Inputs) und Prozesse zu unterscheiden. Zudem ist es aber auch wichtig, die Determinanten des Teamerfolgs (Outputs) genauer zu betrachten und sich anzuschauen, welche Komponenten relevant sind (Brodbeck, 1996, 2004). West und Mitarbeiter (1998) haben diese Faktoren in einem relativ einfachen Input-Prozess-Output-Modell (IPO-Modell) angeordnet, das in Abbildung 5 dargestellt ist.

Abbildung 5:
Input-Prozess-Output-Modell des Teamerfolgs (nach West et al., 1998)

2.3.1 Inputs

Günstige und ungünstige Faktoren

Das IPO-Modell nimmt zunächst an, dass einige Variablen auf Seiten des Teams und der Organisation wichtige Voraussetzungen für effektives Arbeiten darstellen bzw. dass es eher ungünstige Faktoren und Konstellationen gibt, die besser vermieden werden.

Gruppen sollten aus so wenig Mitgliedern wie nötig bestehen

Bei der Frage der *Gruppenzusammensetzung* sind wir bereits weiter oben darauf eingegangen, dass die *Gruppengröße* eine bestimmte Anzahl von Teammitgliedern nicht überschreiten sollte. Auch wenn dies im Ausnahmefall möglich ist, sind z. B. Teams mit mehr als 20 Mitgliedern schwierig zu koordinieren und es bilden sich häufig Untergruppen.

Homogenität und Heterogenität im Team sind wichtig für Klima und Leistung

Ein weiteres Merkmal der Gruppenzusammensetzung ist die *Homogenität* bzw. *Heterogenität* der Teammitglieder. Ein Team kann z. B. nur aus Männern oder nur aus Frauen oder aber aus einer Mischung von Kollegen und Kolleginnen bestehen. Es kann alte und junge Mitglieder haben, aber auch nur aus Angehörigen einer bestimmten Altersgruppe bestehen. Im modernen Arbeitsleben können Mitglieder unterschiedlicher kultureller Hintergründe zusammenarbeiten, man kann unterschiedliche Niveaus formaler Bildung haben oder aus unterschiedlichen Funktionen kommen. Grundsätzlich kann man nicht einfach sagen, dass Homogenität für die Gruppe besser als Heterogenität ist oder umgekehrt. Heterogenität kann zu erhöhten Konflikten sowohl auf der Beziehungsebene als auch auf der Aufgabenebene führen, gleichzeitig bietet Heterogenität aber auch Potenziale zu kreativeren Problemlösungen und mehr Innovation. Ob Heterogenität daher gut für den Gruppenerfolg ist, hängt ab von der Art der Aufgabe, von der Art der Heterogenität, Rahmenbedingungen in der Organisation und nicht zuletzt davon, inwieweit die Teamleitung Teammitglieder mit unterschiedlichen Eigenschaften integrieren kann. Wegge (2003) hat die verschiedenen Aspekte von Chancen und Risiken von Heterogenität für die Gruppeneffektivität zusammengefasst und gibt einige konkrete Handlungsanweisungen. Er führt zum Beispiel einige Regeln ein (z. B. „Isoliertes Talent ist vergeudetes Talent"). Wegge macht vor allem deutlich, dass eine geschickte Moderation und Führung der Gruppe auch bei bestehender, unveränderbarer Gruppenzusammensetzung möglich ist, weil es Maßnahmen gibt, welche die Wahrnehmung von Homogenität und Heterogenität der Gruppe verändern helfen (z. B. Bildung von Subgruppen, Wettbewerb zu anderen Gruppen) etc. In den letzten Jahren haben Wegge und seine Mitarbeiter besonders das Thema der Altersdiversität untersucht (z. B. Wegge, Roth, Neubach, Schmidt & Kanfer, 2008; Wegge & Schmidt, 2009). Sie fanden zum Beispiel heraus, dass altersgemischte Teams bessere Leistungen erbrachten – allerdings nur in Teams, die komplexere Aufgaben zu bearbeiten hatten, während es bei Routinetätigkeiten keinen Einfluss der Altersheterogenität gab.

Ob Diversität letztlich positive oder negative Auswirkungen hat, hängt schließlich von den Einstellungen der Teammitglieder ab. Grundsätzlich muss man zwei gegenläufige Effekte unterscheiden. Die Informationsverarbeitungsperspektive sagt positive Effekte vorher, weil die unterschiedlichen Teammitglieder gerade wegen ihrer Unterschiedlichkeit auch kreativer sein können oder verschiedene Perspektiven in die Lösung von Problemen einbringen können. Auf der anderen Seite steht die soziale Kategorisierungshypothese, die besagt, dass man eher solche Menschen mag, die einem ähnlich sind und dass Unterschiedlichkeit zu Konflikten führt (van Knippenberg & Schippers, 2007). Die beiden Perspektiven sind aber durchaus auch integrierbar. Wenn man Teammitgliedern vermittelt, dass die Unterschiede gut sind, um die Aufgaben besser zu bewältigen, werden Teammitglieder sich auch mit diversen Teams stark identifizieren können und damit die eigentlich „Anderen" in ihre Vorstellung des Teams als „gute" Einheit integrieren können. Wenn Teammitglieder also der Überzeugung sind, dass Diversität gut ist – Daan van Knippenberg verwendet hierfür den Begriff

Diversitätsüberzeugungen als Schlüssel zum Erfolg diverser Teams

der Diversitätsüberzeugung – dann sollte Diversität auch positive Effekte haben. Dies konnte in einer Reihe von Studien auch gezeigt werden (z. B. van Dick, van Knippenberg, Hägele, Guillaume & Brodbeck, 2008; van Knippenberg, Haslam & Platow, 2007). Abbildung 6 stellt einen typischen Befund dar: Hier wurden Studierende, die ein Semester lang in zum Teil ethnisch gemischten Teams arbeiteten, mehrfach befragt. Diejenigen, die zu Beginn des Semesters bereits positive Diversitätsüberzeugungen haben, können sich später im Semester mit heterogenen Teams auch gut identifizieren.

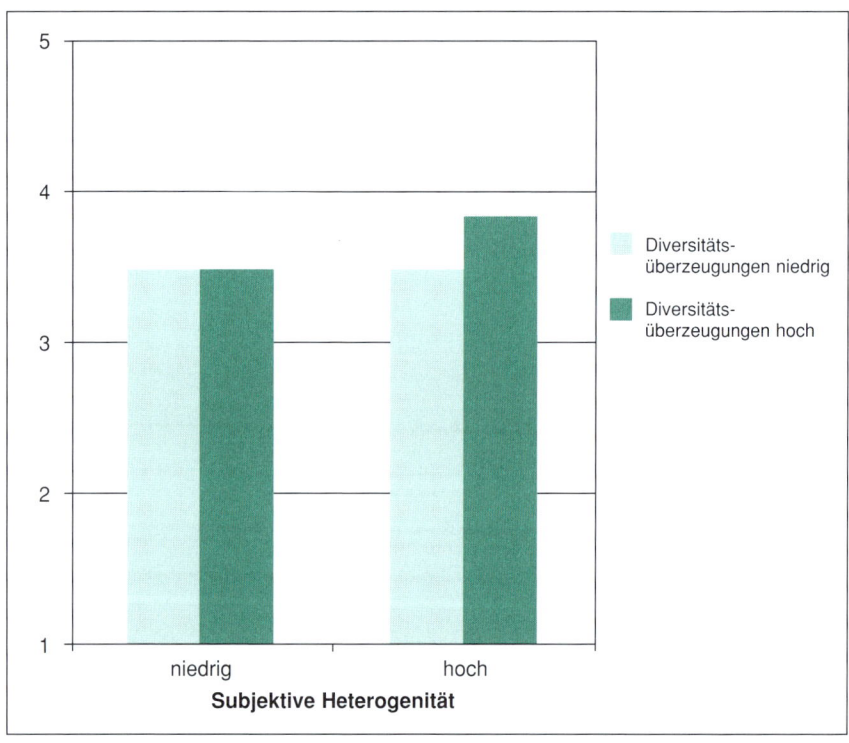

Abbildung 6:
Interaktion zwischen der Diversität studentischer Projektteams
und Diversitätsüberzeugungen für die Vorhersage von Identifikation mit dem Team
(siehe van Dick et al., 2008, Studie 1)

Ausbildung und Background von Teammitgliedern

Die Frage von *Ausbildung und Background* der Teammitglieder ist zum einen wieder eine Frage von Homogenität und Heterogenität, zum anderen aber auch die generellere Frage danach, ob das Team über alle benötigten Ressourcen verfügt: Sind die geeigneten Teammitglieder vorhanden, um genau diese Aufgabe zu lösen? Oder muss das Team (temporär) erweitert werden, weil vielleicht bestimmter Sachverstand fehlt?

Der *organisationale Kontext* wurde bereits in Kapitel 1.4 angesprochen – es geht um die Rahmenbedingungen und die Unterstützung, die die Organisation für Teams und Teamarbeit bereitstellt. Leider gibt es relativ wenig Forschung über den Einfluss verschiedener Kontexte. Dies hat zum Beispiel ganz einfach mit den Anforderungen an solche Forschung zu tun: Während der Forscher auf Ebene der einzelnen Person vielleicht 50 bis 100 Individuen untersuchen muss, um stabile Ergebnisse zu bekommen, muss ein Teamforscher 50 Teams mit je 3 bis zu 20 Mitgliedern untersuchen. Wenn man aber untersuchen will, wie sich unterschiedliche organisationale Rahmenbedingungen auf Teamprozesse auswirken, muss man 50 Organisationen untersuchen – ein sehr aufwendiges Forschungsunterfangen. Trotz der relativ spärlichen Forschungserkenntnisse kann man festhalten, dass vor allem drei Faktoren relevant sind (vgl. Hackman, 1990) – Belohnungssysteme, Information/Feedback und Training. Diese drei Faktoren sollten in einer Organisation positiv ausgeprägt sein (also motivierende Anreizsysteme, ausreichend Zugang zu relevanten Informationen, ausreichende Trainingsmöglichkeiten, die die Bedürfnisse der Organisation und der Mitarbeiter gleichermaßen befriedigen), vor allem aber sollten sie abgestimmt werden auf die zusätzlichen Anforderungen teambasierter Strukturen (vgl. Kapitel 1.4).

Organisationaler Kontext: Belohnungssysteme, Information/Feedback und Training

Zusätzlich zum organisationalen Kontext ist aber auch die Betrachtung *kultureller Rahmenbedingungen und Unterschiede* sinnvoll (siehe z. B. für kulturelle Unterschiede in der Akzeptanz und Durchführung von Verfahren zur Personalauswahl: Krause, 2011). Man kann sich hier grob an den Dimensionen orientieren, die Hofstede (1991) in seinen kulturvergleichenden Studien an über 110.000 IBM-Mitarbeitern in 40 Ländern ermittelt hat (siehe Infobox 4). Solche Unterschiede zu berücksichtigen, kann sehr wertvoll sein, da hierdurch scheinbar unpassende Verhaltensweisen verstehbar werden. Zum Beispiel wird Zuspätkommen in den USA negativ bewertet, während es in Brasilien eher positiv gesehen wird (Levine, West & Reis, 1980). Phänomene wie das soziale Faulenzen sind in kollektivistischen Kulturen seltener zu beobachten (Erez & Somech, 1996), während in Kulturen mit einer stark ausgeprägten Machtdistanz Partizipation weniger positive Konsequenzen als in westlichen Kulturen (mit eher gering ausgeprägter Machtdistanz) hat (Marrow, 1964).

Kulturelle Unterschiede können sehr wichtig sein

**Infobox 4:
Kulturdimensionen nach Hofstede (1991)**

Machtdistanz

Inwieweit akzeptieren Mitglieder einer Kultur Ungleichheiten in der Machtverteilung und Statusunterschiede? Kulturen mit geringer Machtdistanz tendieren zu flachen Hierarchien und geringer Distanz zwischen Mitarbeitern und Vorgesetzten. Deutschland ist in den Untersuchungen

Die Kulturdimensionen nach Hofstede

von Hofstede auf dieser Dimension eher gering ausgeprägt, während Malaysia, die Philippinen, Guatemala, Mexiko oder Brasilien besonders hohe Werte in Machtdistanz erreichen.

Unsicherheitsvermeidung

Inwieweit akzeptieren Mitglieder einer Kultur Unsicherheiten, Widersprüche und ambivalente Strukturen? Kulturen mit hoher Unsicherheitsvermeidung tendieren zu starren Regelsetzungen und weitgehenden Standardisierungen. Griechenland, Portugal, Guatemala und Uruguay haben besonders hohe Werte in Unsicherheitsvermeidung, Deutschland liegt auf dieser Dimension ziemlich genau in der Mitte und Schweden oder Dänemark haben besonders geringe Werte.

Maskulinität/Femininität

In maskulinen Kulturen spielen Status und Gehalt eine hohe Rolle, während in femininen Kulturen eher die Beziehungen zwischen Personen wichtig sind. Japan, Österreich, Venezuela und Italien sind besonders maskulin ausgeprägt, Deutschland ist ebenfalls relativ maskulin; die Niederlande, Dänemark, Schweden und Norwegen haben besonders niedrige Werte, d.h. sie sind eher in Richtung Femininität orientiert.

Individualismus/Kollektivismus

In individualistisch orientierten Kulturen sind die Menschen in geringem Maße voneinander abhängig, der Mitarbeiter kann offen seine eigenen Interessen vertreten und belohnt wird die individuelle Leistung. In kollektivistisch orientierten Kulturen ist dagegen die Gemeinschaft wichtiger als der Einzelne, man ist der Organisation gegenüber loyal und stellt seine Einzelinteressen eher zurück. Die USA, Australien, England und Kanada, aber auch Deutschland erreichen hohe Werte, d.h. eine starke Orientierung zu Individualismus; Venezuela, Panama, Ecuador und Guatemala sind besonders kollektivistisch orientiert.

Die weltweite GLOBE-Studie zur Effektivität von Führung

Aufbauend auf Hofstede wurde in den 1990er Jahren die sogenannte GLOBE-Studie von Robert House und Dutzenden von Kollegen in über 60 Ländern durchgeführt (House, Hanges, Javidan, Dorfman & Gupta, 2004; Chhokar, Brodbeck & House, 2008). Das Akronym steht für „Global Leadership and Organizational Behavior Effectiveness". Im Rahmen der Studie wurden über 16.000 Personen aus dem mittleren Management danach befragt, wie sie Führung wahrnehmen (Ist-Zustand) und wie sie denken, dass gute Führungskräfte sein sollten (Soll-Zustand). Aus den Ist-Soll-Vergleichen über Länder hinweg wurde eine Reihe von Faktoren ermittelt, die in fast allen Ländern als Indikatoren guter Führung gelten, zum Beispiel charismatische Führung oder teamorientierte Führung, während viele andere Dimensionen sich zwischen den Ländern stark unterscheiden. Daraus lassen sich dann, zum Beispiel für Manager, die als Expatriates ein Team im Ausland leiten sollen (siehe Kühlmann, 2004) oder die virtuell ein Team über verschiedene Länder führen sollen, wertvolle Erkenntnisse ableiten. Brodbeck, Frese und Javidan (2002) haben sich zum Beispiel besonders die Effektivitätseinschätzungen deutscher Manager angesehen und fassen zusammen, dass diese zwar sehr gut auf der Leistungsorientierung abschneiden, aber eher niedrig auf Mitarbeiterorientierung; d. h. Mitgefühl und Begeisterung sollten sie lernen – dies würde vermutlich ihre Effektivität beim Führen deutscher Teams noch erhöhen, aber es ist vor allem dann wichtig, wenn sie Menschen aus Kulturkreisen führen, denen diese Orientierung besonders wichtig ist.

2.3.2 Prozesse

Welche Mechanismen nun tatsächlich dazu führen, dass gute Voraussetzungen auch in die gewünschten Outputs münden, wird im Modell unter „Prozesse" untersucht. Die folgenden Faktoren werden im IPO-Modell betrachtet:

Prozesse überführen die Inputs in Ergebnisse

- *Führung*

In Kapitel 2.2.2 sind wir bereits auf verschiedene Funktionen und Aufgaben des Teamleiters eingegangen und haben dabei die Rollen Management, Führung und Coaching unterschieden. Die Forschung hat überzeugend bestätigt, dass das Führungsverhalten des Teamleiters einen Einfluss auf die Leistung des Teams hat (vgl. Wegge, 2004). Ein Hauptbefund in Wegges Studien war eine deutliche Erhöhung der Gruppenleistung, wenn die Führungskraft *gemeinsam* mit dem Team *schwierige* Gruppenziele vereinbart. Auch Eden (1990) hat zeigen können, dass Teams, deren Leiter höhere Erwartungen hatten, bessere Leistungen erbrachten, als Teams mit Leitern, die geringere Erwartungen an die Teamleistung hatten. Podsakoff und Todor (1985) konnten zeigen, dass Teams, in denen die Teamleiter als systematischer in ihrem Einsatz von Belohnung und Bestrafung wahrgenommen wurden, mehr leisteten als Teams, in denen der Einsatz von Belohnung und Bestrafung eher unsystematisch erfolgte.

Das Führungsverhalten ist entscheidend für die Teamarbeit

- *Kommunikation*

Kommunikation spielt in fast allen unternehmerischen Kontexten eine entscheidende Rolle. In Bezug auf Teams hat Blakar (1985) fünf Aspekte hervorgehoben, die Voraussetzungen für effektive Kommunikation darstellen: Zunächst müssen die Teammitglieder motiviert sein, effektiv miteinander zu kommunizieren, zweitens müssen sie eine gemeinsame „Realität" haben, d. h. sie müssen über ein gemeinsames Grundverständnis inklusive einer gemeinsamen Sprache verfügen. Drittens müssen Teammitglieder fähig sein,

Besonderheiten von Kommunikation in Teams

die Perspektive der anderen zu übernehmen (sowohl in Bezug auf deren Sachverständnis als auch auf ihr Erleben). Viertens müssen Teams – gemeinsam vereinbarte – Regeln haben, wie kommuniziert wird (z. B. ob E-Mail das bevorzugte Kommunikationsmedium sein soll oder ob es nur in Ausnahmefällen eingesetzt wird, ob mündliche Absprachen Gültigkeit besitzen oder nur schriftlich fixierte Absprachen usw.) und welche Konsequenzen auf Regelverstöße folgen. Schließlich ist es wichtig, Fehler und Schwierigkeiten bei der Kommunikation richtig zu attribuieren – also wahrzunehmen, wenn eine der ersten vier Bedingungen nicht (ausreichend) erfüllt ist, um entsprechend reagieren zu können.

- *Entscheidungsfindung*

Problemorientierte Entscheidungsfindung

Maier und Kollegen haben herausgefunden, dass Teams effektiver sind, wenn sie Entscheidungen problemorientiert anstelle von lösungsorientiert angehen (Maier & Solem, 1962) und wenn sie Probleme in Unteraufgaben zerlegen und an diesen in getrennten Gruppen arbeiten (Maier, 1970). Gruppenreflexivität (siehe Kapitel 3.5) trägt ebenfalls dazu bei, dass die richtigen Entscheidungen getroffen werden. So ist es wichtig, dass Gruppen sich kontinuierlich fragen, ob sie Entscheidungen auf die richtige Art und Weise treffen bzw. ob sie überhaupt am „richtigen" Problem arbeiten (Moreland & Levine, 1992).

- *Autonomie*

Wenn Teammitglieder motiviert sind, führt Autonomie zu mehr Leistung

Es gibt Gründe zur Annahme, dass erhöhte Autonomie von Teams mit erhöhter Leistung einhergeht, die empirische Datenbasis zeigt allerdings bislang nur schwache Effekte. Man kann davon ausgehen, dass Autonomie tatsächlich positive Effekte hat, wenn die Teammitglieder auch motiviert sind, Freiräume zu nutzen und wenn sie die ihnen zugestandene Autonomie überhaupt wahrnehmen. In jedem Fall sollte Autonomie über gesteigerte Motivation der Mitarbeiter zumindest indirekt auch in Teams positive Effekte haben. Die positiven individuellen Effekte von Autonomie auf Zufriedenheit und Motivation sind bereits vor Jahrzehnten im sogenannten Job Characteristics Model postuliert (Hackman & Oldham, 1980) und in darauf aufbauenden Untersuchungen und auch in aktuellen Weiterentwicklungen wie z. B. Studien mit dem Work Design Questionnaire (Stegmann, van Dick, Ullrich, Charalambous, Menzel, Egold & Wu, 2010) immer wieder bestätigt worden.

- *Partizipation*

Die Beteiligung der Mitarbeiter an der Zielsetzung ist wichtig

Mitarbeiter an der Definition und Vereinbarung von Zielen zu beteiligen, ist generell ein wichtiger Faktor für die Zielerreichung. Wegge und Haslam (2003) haben beschrieben, wie und warum Zielsetzung auch in Gruppenkontexten lohnend sein könnte. Wenn Ziele in Gruppen gemeinsam – also partizipativ – vereinbart werden, sollte dies die Selbstkategorisierung als Gruppenmitglied (Soziale Identität, vgl. van Dick, 2004a) fördern und sich damit positiv auf Einstellungen und Verhaltensweisen der Teammitglieder auswirken. Die Richtigkeit dieser Überlegung haben Wegge und Haslam (2003) bereits in einigen Laborexperimenten bestätigen können. In diesen Untersuchungen wirkten sich Ziele, die sich die Gruppe selbst setzte, positiv auf die Gruppenleistung aus. Dagegen wirkten sich Ziele, die vom Versuchsleiter freundlich vorgegeben wurden, nur in besonders günstigen Situationen positiv auf die Leistung aus.

- *Minderheiteneinfluss*

Wenn einzelne Gruppenmitglieder in ihrer Meinung abweichen, kann dies zu einer effektiveren Informationsverarbeitung und damit zu größerer Leistung und Effektivität führen (vgl. Nemeth & Owens, 1996). Indem Minderheiten abweichende Meinungen äußern, tragen sie dazu bei, dass insgesamt mehr Informationen gesucht und ausgetauscht werden und dass durch abweichende Minderheitenmeinungen ein Wunsch nach zusätzlicher, unbeeinflusster Information geweckt wird. Nemeth und Owens (1996) fassen ihre Ergebnisse so zusammen, dass Teammitglieder aufgrund von Minderheiteneinfluss mehr Informationen besser verarbeiten, dass sie insbesondere divergentere Meinungen austauschen und ihre Entscheidungen weniger unter dem Druck der Mehrheit treffen, was zusammengenommen zu besseren und kreativeren Entscheidungen führt (siehe Nemeth, 2011).

<small>Minderheiten zu Wort kommen zu lassen ist wichtig für Innovation</small>

- *Kohäsion*

Eine Reihe von Studien und Metaanalysen haben überzeugend gezeigt, dass hohe Kohäsion, d. h. ein hoher Zusammenhalt in der Gruppe, mit erhöhter Leistung und vor allem erhöhter Effizienz einhergeht (z. B. $r = .24$ in der Metaanalyse von Beal, Cohen, Burke & McLendon, 2003).

<small>Teamkohäsion heißt, die Gruppe hält zusammen</small>

- *Identifikation*

Identifikation beschreibt, wie sehr sich Mitarbeiter durch ihre Mitgliedschaft in der Organisation auch selbst definieren (Ashforth & Mael, 1989; Haslam, 2004). Stärkere Identifikation hat in der Regel positive Auswirkungen auf Zufriedenheit und Leistung (siehe die Metaanalyse von Riketta, 2005, der Zusammenhänge zwischen Identifikation und Arbeitszufriedenheit von $r = .54$, Leistung von $r = .17$ und Extrarollenverhalten von $r = .35$ berichtet). Auch die Identifikation auf Teamebene spielt eine wichtige Rolle: Teammitglieder, die sich stärker mit ihren Teams identifizieren, nehmen auch ein positiveres Klima wahr (z. B. van Dick, Wagner, Stellmacher & Christ, 2004), fehlen seltener (van Dick & Wagner, 2002; van Dick, Christ, Stellmacher et al., 2004) und engagieren sich stärker für das Team, indem sie

<small>Identifikation mit dem Team ist gut für Leistung, Zufriedenheit und Wohlbefinden</small>

zum Beispiel überlasteten Kollegen helfen (Christ, van Dick, Wagner & Stellmacher, 2003; van Dick, Grojean, Christ & Wieseke, 2006).

Identifikation verstärkt die Orientierung an Normen

Ob die Identifikation mit dem Team die genannten positiven Effekte hat, hängt ganz wesentlich von den jeweiligen Normen im Team und dem Kontext ab. So fanden Wieseke, Ullrich, Christ und van Dick (2007; siehe Ullrich, Wieseke, Christ, Schulze & van Dick, 2007), dass in Kontexten, in denen Serviceleistungen wichtig sind, nämlich in Reisebüros, stärker identifizierte Mitarbeiter eine stärkere Kundenorientierung hatten. Hirst, van Dick und van Knippenberg (2009) untersuchten Teams in Forschungs- und Entwicklungsabteilungen (F&E) eines Pharmaunternehmens und fanden einen Zusammenhang zwischen Identifikation und der Kreativität der Mitarbeiter – die Identifikation unterstützt also die Orientierung an der Norm, im F&E-Bereich innovativ und kreativ zu sein.

Team- vs. Organisationsbindung

Riketta und van Dick (2005) untersuchten in einer Metaanalyse von 40 Studien mit insgesamt fast 8.000 Teilnehmern, ob die Verbundenheit mit dem Team oder mit der Organisation wichtiger ist. Theoretisch würde man erwarten, dass die Teamidentifikation stärker ist, denn Mitarbeiter verbringen die meiste Zeit in ihren jeweiligen Teams und werden dort auch sozialisiert. Entsprechend zeigten sich in der Metaanalyse auch Niveauunterschiede dergestalt, dass die Teambindung durchschnittlich stärker war als die Bindung an die Organisation als Ganze ($d = .37$). Allerdings bedeutet dies nicht automatisch, dass die Teambindung besser zur Vorhersage anderer Variablen geeignet ist, sondern dabei kommt es auf die Passung der untersuchten Konstrukte an: Organisationsbindung korrelierte deutlich stärker als die Teambindung mit der Absicht zu kündigen ($r = -.39$ vs. $r = -.24$), während die Teambindung wie erwartet stärker mit der Zufriedenheit mit den Kollegen ($r = .46$ vs. $r = .20$) und dem wahrgenommenen Klima ($r = .47$ vs. $r = .29$) zusammenhing als die Organisationsbindung. Ob man sich also bei der Arbeit wohl und zufrieden fühlt, hängt eher mit der Bindung an das Team zusammen, während die Entscheidung zu kündigen mehr mit der Bindung an die Organisation zu tun hat.

2.3.3 Outputs

Komponenten von Teamerfolg: Qualität, Quantität, Effizienz, Innovation

Das IPO-Modell betrachtet schließlich auf Seiten der Outputs verschiedene Möglichkeiten, Leistung und Erfolg zu messen. Brodbeck (2004, S. 419) bezeichnet dies als „multimodales Kriterium des Gruppenerfolgs". Naheliegend erscheint die Messung von Leistung in Form von *Quantität* oder *Qualität*. Wichtig ist aber auch, dass nicht nur eine bestimmte Stückzahl von bestimmter Qualität produziert wird, sondern dass dabei möglichst *effizient*, d. h. z. B. ohne Verschwendung von Ressourcen und mit möglichst geringen Reibungs- und Koordinationsverlusten gearbeitet wird. Weiterhin ist es für den mittel- und langfristigen Gruppenerfolg ausschlaggebend, dass *Innovationen* und Innovationspotenziale als wichtige Kriterien berücksichtigt und gefördert werden – nur die Teams, die auch neue Produkte entwickeln bzw. innovativ bei der Einführung neuer Prozesse sind, sind langfristig erfolgreich. Wird dagegen immer das gleiche Produkt auf immer die gleiche Art und Weise hergestellt, wird das Team über kurz oder lang von den Konkurrenten überholt, die entweder bessere Produkte herstellen oder die gleichen Produkte billiger produzieren oder beides – selbst wenn man die eigenen Standards an Qualität, Quantität und Effizienz beibehält. Insgesamt sind solche Verfahren, die Teamerfolg nicht nur auf der Ergebnisseite messen, sondern auch die Prozesse berücksichtigen, vorteilhaft (Marks, Mathieu & Zaccaro, 2001). Dazu bieten sich sowohl beobachtungsgestützte Verfahren an, die zum Teil automatisiert sein können (Deaton, Bell, Fowlkes, Bowers, Jentsch & Bell, 2007) oder sich auf Szenarien stützen (Rosen, Salas, Wilson et al., 2008).

Weitere wichtige Kriterien sind die *Zufriedenheit und das Wohlbefinden der einzelnen Teammitglieder:* Kurzfristig können Teams auf sehr hohem Niveau arbeiten, ohne dass diese Kriterien berücksichtigt werden – auf Dauer kommt es aber in Teams, in denen die Mitglieder nicht zufrieden sind, zu Fehlzeiten, zwischenmenschlichen Konflikten und Fehlern, wodurch auch die anderen Ziele gefährdet sind. Eine weitere Gefahr durch Arbeit auf hohem Leistungsniveau ohne Berücksichtigung der individuellen Bedürfnisse ist zum Beispiel die Entstehung von Burnout (Maslach, 1982) – Teammitglieder opfern sich für die Aufgabe und das Team auf, brennen aber nach einiger Zeit aus, weil sie völlig erschöpft sind und keine Zeit zur Regeneration finden.

<small>Zufriedenheit und Wohlbefinden der Teammitglieder</small>

Team-Lebendigkeit (team viability; vgl. Sundstrom et al., 1990) bezeichnet, ob das Team nachhaltig gut zusammenarbeiten kann, inwieweit die Teammitglieder gut miteinander auskommen und gerne in ihrem Team bleiben möchten. Bell und Manrette (2011) definieren viability als die Fähigkeit des Teams, nachhaltig und zunehmend auf die Anforderungen in künftigen Aufgaben zu reagieren. Häufige Konflikte sind ein Anzeichen für geringe Team-Lebendigkeit (vgl. auch Brodbeck, 2004).

<small>Nachhaltigkeit und Harmonie in der Zusammenarbeit</small>

Ein letzter Punkt, der ein wichtiges Kriterium für erfolgreiche Teams darstellen kann, ist die Fähigkeit zur Adaptation (siehe Cannon-Bowers & Bowers, 2011). In komplexen und schnellen Veränderungen unterworfenen Umfeldern ist es sehr wichtig, dass sich Teams auf diese Veränderungen einstellen. Sie müssen zum Beispiel durch Anpassung der Strategien, durch die Bereitschaft zur Umverteilung interner Ressourcen oder durch das Nutzen und Generalisieren von bestehendem Wissen reagieren (siehe für ein elaboriertes Modell zur Teamadaptabilität Burke, Stagl, Salas, Pierce & Kendall, 2006).

<small>Die Fähigkeit zur Adaptation an die Umwelt ist immer wichtiger</small>

2.4 Die 4-Faktorentheorie der Innovation in Teams

Innovation ist wichtig für die Wettbewerbsfähigkeit von Organisationen und für den Umgang mit sich verändernden Kontexten. Viele Menschen streben nach Innovationen und häufig machen Individuen gute Vorschläge zur Ver-

<small>Innovation als Voraussetzung für Wettbewerbsfähigkeit</small>

besserung von Produkten und Dienstleistungen oder Prozessen. Auf der Ebene der Organisation ist relativ gut untersucht, wie Innovationen gefördert werden können – z. B. durch ein geregeltes Vorschlagswesen, das diejenigen belohnt, die sinnvolle Verbesserungsvorschläge einbringen (Frey & Schulz-Hardt, 2000). Wie sieht es aber auf Teamebene aus? Welche Facetten hat Innovation in Teams und wie können sie gefördert werden? West (1990) hat zur Integration verschiedener Aspekte von Innovation in Teams eine 4-Faktorentheorie entwickelt, die in Abbildung 7 dargestellt ist. In diesem Modell werden zunächst zwei Formen von Innovation unterschieden. Unter *Quantität von Innovation* wird die reine Anzahl von Ideen und Vorschlägen verstanden, *Qualität von Innovation* kann auf drei verschiedene Arten gemessen werden: einmal in Bezug auf die *Neuheit* der Ideen, zum anderen in Bezug auf die *Bedeutsamkeit* und schließlich in Form von *Effektivität*. Die einzelnen Dimensionen lassen sich auch zu einem Teamklima für Innovation zusammenfassen, ein entsprechendes Messinstrument wird in Kapitel 3.4 beschrieben (Anderson & West, 1994; Brodbeck, Anderson & West, 2000).

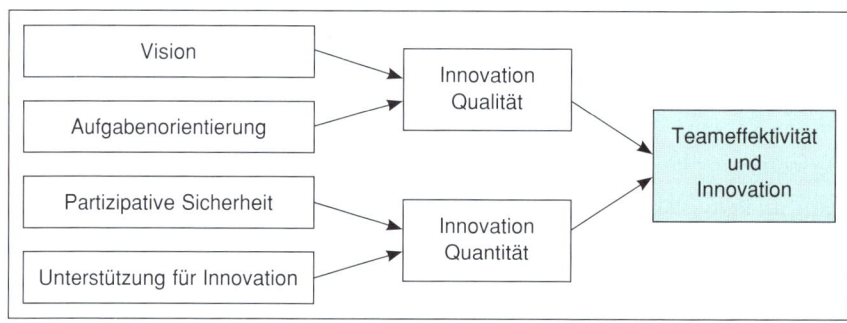

Abbildung 7:
4-Faktorentheorie von Innovation in Teams von West (1990)
(vgl. Brodbeck & Maier, 2001)

Die vier Faktoren unterscheiden sich dahingehend, ob sie vorrangig die Qualität oder die Quantität von Innovation beeinflussen. Betrachten wir zunächst die Faktoren, die sich auf eine Erhöhung von Innovationsqualität auswirken:

Visionen = Ziele höherer Ordnung

Unter *Visionen* werden Ziele höherer Ordnung verstanden, die als treibende Kraft die Teammitglieder zur Erreichung untergeordneter Ziele motivieren. Ein Krankenpflegeteam kann zum Beispiel die Vision haben, dass es die Verantwortung für die Gesundheit in die Hände der Patienten legen will, ein Softwareentwicklungsteam kann sich als oberstes Ziel die Vision setzen, dass die von ihm entwickelten Programme die menschliche Kommunikation verbessern sollen. Eine Arbeitsgruppe in einem arbeitswissenschaftlichen Institut kann die Vision haben, dass die Ergebnisse ihrer Forschung zur Humanisierung der Arbeitswelt beitragen sollen. Wichtig ist, dass Visionen *klar formuliert* sind, dass sie gemeinsam *ausgehandelt* und von allen *geteilt* werden, dass sie sich kontinuierlich *weiterentwickeln*, wenn sich die Gruppe selbst, die Aufgabe oder die Rahmenbedingungen verändern und dass sie von allen Teammitgliedern *geschätzt* werden. Schließlich müssen Visionen in Ziele umgesetzt werden können, die *erreichbar* sind – Ziele, an deren Umsetzung man scheitert, wirken demotivierend.

Visionen geben den Teammitgliedern eine klare Richtschnur und Kriterien für neue Ideen vor. Je klarer die Vision formuliert ist, desto klarer sind auch die Kriterien für neue Ideen – daher bezieht sich der Faktor Vision auch vorrangig auf den Inhalt und damit die Qualität von Ideen. Visionen wirken aber auch motivationsfördernd und daher ebenfalls positiv auf die Quantität von Innovation.

Unter *Aufgabenorientierung* versteht man ein geteiltes Interesse daran, die Aufgaben möglichst optimal zu erfüllen und hohe Standards zu erreichen. Man kann bei diesem Faktor daher auch von einem „climate for excellence" sprechen. Wichtig an diesem Faktor ist nicht nur, dass sich alle darüber einig sind, Bestleistungen erbringen zu wollen, es muss auch ein Klima vorhanden sein, in dem man sich gegenseitig kritische Rückmeldungen geben kann, wodurch die Qualität und Prozesse kontinuierlich überwacht werden (vgl. zu Reflexivität Kapitel 2.5). Es müssen klare Kriterien für hohe Leistung vorhanden sein, diese auch weiterentwickelt werden und schließlich gute Leistung und Ideen auch gelobt und belohnt werden.

Hohe Standards bei der Aufgabenbearbeitung

Die Aufgabenorientierung wirkt sich ebenfalls vorrangig auf die Qualität von Innovation aus, sie ist klar auf die Erfüllung der Aufgaben bezogen, fördert kritisches Denken, Evaluation und Kontrollsysteme. Eine hohe Aufgabenorientierung sollte mit der reinen Quantität nur schwach oder sogar negativ zusammenhängen, da ein Streben nach Bestleistungen nicht mit einer „fließbandmäßigen" Ideenproduktion zu vereinbaren ist. Natürlich gibt es auch Bereiche, z. B. in Forschung und Entwicklung, in denen hohe Quantität auch zu hoher Qualität führen kann.

Die übrigen beiden Dimensionen der 4-Faktorentheorie wirken sich vor allem auf die Quantität von Innovation aus.

Unter *partizipativer Sicherheit* versteht man ein Klima, das den Teammitgliedern erlaubt, auch einmal Fehler zu begehen – dadurch ist es möglich, auch risikobehaftete Ideen vorzubringen und umzusetzen. Dies ermutigt die Teammitglieder, Ideen zu äußern, auch wenn sie sich nicht sicher über ihre Qualität sind, was in erster Linie die Quantität der Inno-

Ein Klima partizipativer Sicherheit ist Voraussetzung für Innovation

45

vation erhöht. Sie kann aber auch die Qualität steigern, weil sich die Teammitglieder durch die zahlenmäßig breitere Ideenproduktion gegenseitig anregen und stimulieren können. Durch partizipative Sicherheit wird das Sich-Beteiligen an der Ideenproduktion motiviert und belohnt. In einem solchen Klima nehmen die Einzelnen tatsächlich mehr Einfluss wahr, sie interagieren häufiger und tauschen mehr Informationen aus. Der größere Informationsaustausch stimuliert dann in erster Linie die Quantität und in der Folge auch die Qualität von Innovation.

Unterstützung und Normen für Innovation

Schließlich fasst die *Unterstützung für Innovation* die beiden Komponenten Normen und Unterstützung für Innovation zusammen. Gibt es im Team ein solches Klima, werden Ideen geradezu erwartet; sich an Vorschlägen zu beteiligen gehört zur Norm. Werden Ideen geäußert, geben die Teammitglieder aber auch praktische Unterstützung für ihre Umsetzung. Unterstützung kann man wieder unterscheiden in artikulierte und tatsächlich gegebene Unterstützung – nur die letztere ist langfristig innovationsförderlich. Unterstützung kann in verbaler Unterstützung bestehen („Die Idee von Herrn X finde ich gut"), in Kooperationen bei der Umsetzung oder darin, dass Zeit und Ressourcen bereitgestellt werden. In erster Linie wirkt sich Unterstützung für Innovation auf die Anzahl produzierter Ideen aus.

In Tabelle 3 sind die möglichen Kombinationen der Ausprägungen in den diskutierten vier Faktoren dargestellt. Wie zu sehen ist, sind für die Kombinationen, in denen mindestens drei der vier Faktoren hoch ausgeprägt sind, zumindest mittlere Ausprägungen von sowohl Qualität als auch Quantität von Innovation zu erwarten – optimal ist ein Klima, in dem alle vier Faktoren hoch ausgeprägt sind. In Kapitel 3 werden wir genauer auf die Erfassung der vier Faktoren eingehen.

Tabelle 3:
Kombinationen der Faktoren für Innovation (nach West, 1990, S. 322)

Vision	Aufgaben-orientierung	Partizipative Sicherheit	Unterstützung für Innovation	Quantität von Innovation	Qualität von Innovation
niedrig	niedrig	hoch	hoch →	hoch	niedrig
hoch	hoch	niedrig	niedrig →	niedrig	hoch
niedrig	hoch	hoch	hoch →	hoch	mittel
hoch	hoch	hoch	niedrig →	mittel	hoch
hoch	hoch	hoch	hoch →	hoch	hoch

Anmerkung: In allen anderen Kombinationen, die hier nicht dargestellt sind, sollten nach den Annahmen von West sowohl Qualität als auch Quantität von Innovation niedrig sein

2.5 Reflexivität

Als weitere theoretische Modellvorstellung wollen wir kurz auf das Konzept der Teamreflexivität eingehen. Reflexivität ist nach diesem Modell eine ganz wesentliche Voraussetzung für Teamentwicklungsprozesse, da nur solche Gruppen dauerhaft gut arbeiten, die sich zumindest potenziell mit der Frage auseinandersetzen, ob sie die richtigen Ziele mit den richtigen Mitteln verfolgen und die auch fähig zur Veränderung ihrer Ziele und Prozesse sind. In Kapitel 3 werden wir daher detaillierter auf die Messung von Gruppenreflexivität eingehen. Reflexivität ist besonders für solche Gruppen wichtig, die komplexe Entscheidungen zu treffen haben, wie Topmanagement-Teams, Operationsteams, Projektentwicklungsteams, Flugzeugcrews oder auch Forschergruppen.

Reflexivität als Voraussetzung für Teamentwicklung

Abbildung 8:
Modell der Teamreflexivität (nach West, 1996)

In Abbildung 8 sind die wesentlichen Grundannahmen des Modells dargestellt. Reflexivität ist das Ausmaß, in dem die Gruppenmitglieder offen über die Ziele, Strategien und Prozesse des Teams nachdenken und versuchen, diese den aktuellen oder antizipierten Veränderungen innerhalb oder außerhalb des Teams anzupassen (West, 1996). Diese Aspekte der Teamreflexivität sind im mittleren Teil der Abbildung dargestellt.

Weiterhin werden im Modell eine Reihe von Faktoren beschrieben, die als stimulierende oder auslösende Faktoren für Reflexivität angesehen werden können. Reflexivität tritt vor allem dann auf, wenn Irrtümer und Fehler passieren und man sich anschließend fragen muss „Was ist schiefgelaufen und warum?" Auch Konflikte im Team, vor allem Konflikte im Zusammenhang

Stimulierende Faktoren für Reflexivität

mit den Zielen und Aufgaben, können solche Fragen anstoßen. Reflexivität wird auch dann ausgelöst, wenn es zu einem Wechsel im Team kommt, wenn entweder Mitglieder das Team verlassen und damit eingefahrene Prozesse plötzlich hinterfragt werden oder wenn neue Mitglieder mit neuen Sichtweisen zum Team dazukommen. Auch wenn es zu Ressourcenkonflikten kommt, weil das Team weniger Zeit oder Ausstattung zur Verfügung hat als gewohnt oder geplant, kann dies Fragen stimulieren wie „Können wir angesichts der veränderten Situation unsere Ziele überhaupt noch erreichen, oder müssen wir sie umdefinieren?" oder „Sind die alten Verfahren der Aufgabenbearbeitung jetzt überhaupt noch angemessen?". Schließlich kann Reflexivität aber auch ausgelöst werden, wenn die Gruppe einen besonderen Erfolg feiern kann und sich vielleicht fragt, ob man die Vorgehensweise, die für diesen Erfolg verantwortlich war, nicht auch auf andere Aufgaben übertragen kann.

Wie im rechten Teil der Abbildung dargestellt, wirkt sich Reflexivität im Team zunächst auf gesteigerte Effektivität bei der Aufgabenbearbeitung aus – dadurch, dass Prozesse hinterfragt und in der Folge optimiert werden, werden auch die Aufgaben effektiver und effizienter erledigt. Reflexivität wirkt sich aber auch auf soziale, nicht-aufgabenbezogene Bereiche aus. Durch die durch Reflexivität ausgelösten Diskussionen und Gespräche entwickeln sich neuartige Methoden der Konfliktlösung im Team. Reflexivität löst häufig Unterstützungsprozesse aus, die sich positiv auf die Beziehungen im Team und langfristig auf Zufriedenheit und Wohlbefinden der Teammitglieder auswirken.

Selbst initiierte Veränderung ist besser als „verordnete"

Stumpf, Klaus und Süßmuth (2003) sprechen im Zusammenhang von Gruppenreflexivität auch von Selbstmanagement. Im Gegensatz zu verordneten Veränderungen von „oben" oder durch externe Experten stellt diese Form der Veränderung durch eigenes Hinterfragen die positivere und vielversprechendere Form dar, weil auf die Eigenverantwortlichkeit des Teams und die Mitgestaltung der einzelnen Teammitglieder vertraut wird. Durch die Partizipation an Diskussionen und Entscheidungen über neue Ziele und Wege zur Zielerreichung sollten die Veränderungsprozesse nachhaltiger und damit einer Veränderung von außen überlegen sein.

2.6 Virtuelle Teams und Telekooperation

Virtuelle Teams: Überblick und Definition

In diesem Kapitel soll ein kurzer Überblick über die besonderen Herausforderungen und die Chancen moderner Formen der Teamarbeit gegeben werden. Zunächst wird ein Phasenmodell der Entwicklung virtueller Teams skizziert, anschließend ein Rahmenmodell für virtuelle Teamarbeit und Telekooperation dargestellt und schließlich werden die aktuellen Befunde zur Effektivität virtueller Teams zusammengefasst. Driskell, Radtke und Salas (2003) definieren als virtuelle Teams solche, deren Mitglieder entweder räumlich und/oder zeitlich getrennt sind und/oder die über Technologie miteinander kommunizieren. Diese Definition zeigt schon, dass nicht alle virtuellen Teams gleich sind. Manche Teams sind räumlich sehr stark getrennt, zum Beispiel über mehrere Länder verteilt, aber weil sie innerhalb der gleichen Zeitzone sind, arbeiten sie zeitlich synchron, während solche, die nur in zwei Ländern aber unterschiedlichen Zeitzonen arbeiten, zusätzlich zur räumlichen Virtualität auch noch zeitlich kaum überlappen. Umgekehrt können Teams, deren Mitglieder an einem Standort, aber zu unterschiedlichen Zeiten arbeiten, ebenfalls als virtuell bezeichnet werden. Je höher der räumliche und/oder zeitliche Grad an Virtualität, umso wichtiger ist die Unterstützung durch geeignete Technologie. Walvoord, Redden, Elliott und Coovert (2008) haben in diesem Zusammenhang Technologien empfohlen, die visuelle, auditive und taktile Reize verbinden. Schatz, Cannon-Bowers und Bowers (2006) beschreiben die Vorteile von Visualisierungstechniken für die Entwicklung geteilten Wissens.

Hertel, Geister und Konradt (2005) schlagen für die Strukturierung der unterschiedlichen Anforderungen und Aktivitäten im Management virtueller Teams fünf Phasen vor, die ähnlich wie in Tuckman's Modell (1965, siehe Kapitel 2.1) logisch aufeinander folgen, aber in dem es auch Rückkopplungsschleifen geben kann:

Die „Lebensphasen" virtueller Teams

- In der ersten Stufe, der *Vorbereitungsphase* ist neben der Gestaltung der Aufgaben und der Bewertungs- und Entlohnungssysteme sowie der Auswahl der Teammitglieder besonders wichtig, dass dem Team eine Vision vermittelt wird. Gerade weil sich die Teammitglieder nur selten oder sogar niemals persönlich begegnen, ist es notwendig, dass sich alle an einer gemeinsamen Vision orientieren können.
- Die zweite Phase, der *Launch*, sollte mit einer Kick-off-Veranstaltung eingeleitet werden. Eine ausführliche Anleitung und Beispiele für die Gestaltung eines Kick-off-Meetings geben Konradt und Hertel (2002). Nach einem solchen Meeting sollten alle Mitglieder Kenntnis der Aufgaben haben, die Ziele kennen und priorisieren können, die anderen Teammitglieder (und ihre Kontaktinformationen) kennen und über allgemeine Regeln der Arbeit in Teams sowie besondere Regeln und Grundsätze der konkreten Zusammenarbeit Bescheid wissen.
- In der dritten Phase, der *Leistungsphase*, hat die Teamleitung besonders die Aufgabe, die Kommunikation zu steuern, die Mitglieder zu motivieren und das Wissensmanagement zu entwickeln.
- Daran schließt sich die Phase der *Teamentwicklung* an – hier ist es wichtig, kontinuierlich festzustellen, welchen Trainingsbedarf das Team und/oder einzelne Mitglieder haben, Fort- und Weiterbildungen zu organisieren und diese wiederum zu evaluieren. Die fünfte und letzte Phase ist die der *Auflösung*. In dieser Phase ist es wichtig, das Geleistete anzuerkennen und die Teammitglieder in andere Teams zu (re)integrieren.

Bevor auf die Studien eingegangen wird, die die Effektivität virtueller im Vergleich zu kopräsenten Teams verglichen haben, soll kurz das Rahmenmodell der Telekooperation von Hertel und Konradt (2007) skizziert werden, anhand dessen sich die entsprechenden Studien leichter einordnen lassen. Im Unterschied zur Darstellung bei Hertel und Konradt sollen hier nur die wichtigsten Überbegriffe und einige Beispiele aufgeführt werden, außerdem sind in das Modell zusätzlich Schleifen der Rückkopplung eingefügt.

Das Modell der Telekooperation

Auch hier handelt es sich um ein Input-Prozess-Output-Modell wie in Kapitel 2.3 allgemein beschrieben (siehe Abbildung 9). Wichtig hier sind zusätzliche Elemente wie zum Beispiel die konkreten Medien oder die Gruppenstruktur. Bei den *Medien* gibt es mittlerweile die unterschiedlichsten Formen, wie virtuell zusammengearbeitet werden kann. Dies reicht von den allgegenwärtigen E-Mail-Systemen über Voice-Mail oder Video-Mail und Videokonferenzsysteme bis zu Tools, die geteilten Zugriff auf und Bearbeitung von Dokumenten erlauben, geteilte Kalender für Teams usw. Bei der *Gruppenstruktur* ist zum Beispiel die Größe der Gruppe wichtig oder der Grad der Virtualität. Dabei ist vor allem die räumliche Verteilung entscheidend. Wenn die Teammitglieder zum Beispiel innerhalb einer überschaubaren geografischen Region angesiedelt sind, ist eine gelegentliche face-to-face-Kommunikation noch möglich und sinnvoll. Wenn die Teammitglieder dagegen über mehrere Kontinente verteilt sind, erfordert selbst die Kommunikation per Videokonferenz aufgrund der unterschiedlichen Zeitzonen besondere Koordination.

Aber auch bei den *Personenmerkmalen* gehen Hertel und Konradt von besonderen Anforderungen aus, die über die Anforderungen, die allgemein für berufliche Aufgaben (z. B. Fähigkeiten und Wissen) oder „normale" Teamarbeit (z. B. Kooperationsbereitschaft) gelten, hinausgehen. In ersten Studien haben sich hier zum Beispiel hohe Selbständigkeit, hohe Ausdauer, Lernbereitschaft, Kreativität und die Bereitschaft zu Vertrauen und zu interkultureller Zusammenarbeit als wichtig herauskristallisiert.

Abbildung 9:
Modell der Telekooperation (nach Hertel & Konradt, 2007, S. 31)

Sind nun virtuelle Teams bzw. solche mit einem höheren Grad an Telekooperation effektiver als solche, die face-to-face zusammenarbeiten? Generell ist das Bild uneinheitlich, es liegen jedoch bereits zusammenfassende Analysen vor, die einige Aussagen erlauben. Fjermestad und Hiltz (1998) haben Laborstudien betrachtet und kommen zu dem Schluss, dass es keine nennenswerten Unterschiede zwischen computerbasierten, virtuellen Teams und herkömmlichen Teams gibt. In den vorliegenden Feldstudien, die Fjermestad und Hiltz (2000) analysieren, scheint computergestützte Teamarbeit jedoch im Hinblick auf Effektivität, Effizienz, Konsens, Benutzerfreundlichkeit und Zufriedenheit positiv bewertet zu werden. Allerdings ist eine Verallgemeinerung zum gegenwärtigen Zeitpunkt noch nicht gerechtfertigt, da viele Faktoren wie Gruppengröße, Struktur und Zusammensetzung der Gruppe oder die Führungsstruktur als wichtige Einflussfaktoren wirken können und weitere Forschung dringend notwendig ist – insbesondere angesichts der in den letzten Jahren rasant zunehmenden technischen Möglichkeiten. Generell kann man aber durchaus sagen, dass virtuelle Arbeit keine Nachteile haben muss und im Gegenteil durchaus Vorteile haben kann, wenn sie vernünftig geleitet wird und die Möglichkeiten der technischen Unterstützung genutzt werden (z. B. Millward, Haslam & Postmes, 2007).

3 Analyse und Maßnahmenempfehlung

3.1 Teamentwicklung und organisationale Unterstützung der Teamarbeit

In diesem Kapitel werden wir auf Ansätze zur Diagnose von Teamprozessen eingehen. Im ersten Kapitel wurde bereits angedeutet, warum es für die Planung und Gestaltung von Teamentwicklungsmaßnahmen unerlässlich ist, zunächst einen Überblick über den Stand der Teamentwicklung, über potenzielle Stärken und mögliche Schwächen der Zusammenarbeit und auch über mögliche Konflikte zu bekommen. Wir werden hier auf einige Aspekte, wie die Diagnostik von Teamphasen und Teamrollen, nur sehr knapp eingehen, weil die zur Verfügung stehenden Verfahren entweder zu komplex sind, um von Laien im Selbsttest eingesetzt zu werden, oder weil sie Copyrightbestimmungen unterliegen und daher hier leider nicht ausführlich behandelt werden können (vgl. für Übersichten und Bewertungen von Verfahren zur Teamdiagnose: Bergman, 2003, sowie Kauffeld, 2001; weitere sehr gute allgemeine Übersichten über Testverfahren finden sich bei: Kanning & Holling, 2002, sowie Sarges & Wottawa, 2004; siehe auch Sarges, Wottawa & Roos, 2010, für organisationspsychologische Instrumente). Auf andere Aspekte gehen wir ausführlicher ein. Dabei werden auch konkrete Verfahren in Form von kurzen Beispielfragebögen zu den Themen Teamklima, Führung im Team, Reflexivität und Unterstützung von Teamwork vorgestellt.

Zwei zentrale Aspekte: Teamklima und Unterstützung durch die Organisation

Zwei Aspekte erscheinen uns dabei besonders wichtig, das ist zum einen die Arbeit im Team, gekennzeichnet durch das Teamklima, zum anderen die Unterstützung, die das Team von der Organisation bekommt. Die Teamentwicklungsmaßnahmen, die wir im vierten Kapitel behandeln, sind geeignet, das Teamklima zu verbessern. Der Fragebogen, der in Abschnitt 3.4 darstellt wird, ist daher auch als separate Karte dem Buch beigefügt, damit Teamleiter ihn schnell und unkompliziert einsetzen können. Alle Maßnahmen, die mit dem Team durchgeführt werden, beschränken sich naturgemäß auf Veränderungsprozesse im Team. Sie sind nicht dazu geeignet, die Organisation als Ganzes in Richtung zu teambasiertem Arbeiten zu verändern. Dennoch ist es sehr wichtig zu wissen, ob ein Team von der Organisation genügend Unterstützung bekommt und ob es in der Organisation ein Klima für Teamwork gibt (vgl. Kapitel 2.3). Gibt es auf dieser Ebene Probleme, werden auch noch so gut gestaltete und durchgeführte Teamentwicklungsmaßnahmen wenig bewirken können. Daher haben wir den Fragebogen zur Ermittlung von organisationaler Unterstützung für Teamarbeit ebenfalls als Karte beigefügt und empfehlen, diesen Fragebogen parallel zum Teamklimafragebogen einzusetzen. Wenn die Teammitglieder oder die Teamleitung das Gefühl haben, dass die Teamarbeit suboptimal ist, empfehlen wir, gleichzeitig die beiden Fragebögen einzusetzen und abhängig von den Ergebnissen Team- und/oder Organisationsentwicklungsprozesse einzuleiten. In Tabelle 4 haben wir die möglichen

Kombinationen der Befragungsergebnisse dargestellt, die unterschiedliche Indikationen für Organisationsentwicklung oder Teamentwicklung erlauben.

Tabelle 4:
Organisations- und Teamentwicklung

	Klima im Team schlecht	Klima im Team gut
Klima in der Organisation schlecht	OE, TE	OE
Klima in der Organisation gut	TE	–

* OE = Organisationsentwicklungsmaßnahmen
 TE = Teamentwicklungsmaßnahmen

1. Wenn die Ergebnisse der beiden Befragungen zeigen, dass die Teammitglieder sowohl die Unterstützung von und das Klima in der Organisation als positiv wahrnehmen und gleichzeitig das Arbeiten im Team als angenehm und effektiv erlebt wird, gibt es keinen Bedarf für Maßnahmen – Teamleiter sollten die Befragungen in regelmäßigen Abständen wiederholen und Warnzeichen für negative Veränderungen sofort aufgreifen. Außerdem sollte dieses positive Ergebnis den Teammitgliedern rückgemeldet und mit ihnen diskutiert werden. Im Sinne der Reflexivität (siehe Kapitel 2.5) ist es aus drei Gründen ratsam, sich auch Zeit zu nehmen um die Gründe für das positive Ergebnis herauszuarbeiten. Zum einen ist es für den Zusammenhalt im Team insgesamt und für die Identifikation der Mitglieder im Besonderen einfach gut, über positive Dinge zu sprechen. Zweitens können die herausgearbeiteten Gründe in der Zukunft systematisch genutzt werden, um weiterhin Erfolg zu haben. Drittens führt die Reflexion vielleicht dazu, doch den einen oder anderen Ansatzpunkt für Optimierungen zu erkennen. Es geht nicht darum, Gutes schlecht zu machen oder zu zerreden, sondern ausgehend von der positiven Stimmung die nächsten Ziele anzugehen.
2. Ergibt die Befragung, dass die Unterstützung durch die Organisation ausreichend ist, es aber im Team selbst hapert, kommen die in Kapitel 4 dargestellten Teamentwicklungsmaßnahmen zum Zuge. Diese sollten die Situation im Team positiv beeinflussen und dürften insbesondere deshalb Erfolg haben, weil sie von der Organisation unterstützt werden.
3. Wird das Teamklima als positiv erlebt, das Klima für Teamarbeit in der Organisation aber als weniger gut, sollten Teamleiter sich mit anderen Teamleitern absprechen und man sollte auf höherer Ebene versuchen, die Organisation zu mehr teambasiertem Arbeiten zu verändern. Wir werden zu Beginn des vierten Kapitels kurz auf die wesentlichen Aspekte von Organisationsentwicklung in diesem Sinne eingehen.
4. Ergibt die Befragung schließlich, dass weder das Teamklima noch die Unterstützung durch die Organisation optimal ausgeprägt sind, sollte zunächst mit Maßnahmen auf Organisationsebene begonnen werden, um die Grundlagen für teambasiertes Arbeiten zu schaffen. Ist dies gelungen und sind

die entsprechenden Strukturen geschaffen (siehe Kapitel 1.4), kann mit Teamentwicklungsmaßnahmen begonnen werden, das Klima im Team zu verbessern. Ein Vorgehen in umgekehrter Reihenfolge würde vermutlich geringere Aussichten auf Erfolg haben, weil das Team zu wenig von der Organisation unterstützt werden würde und dann, aufgrund mangelnder Ressourcen, möglicherweise selbst immer wieder Konflikte erleben würde.

Tipps für die Durchführung einer Befragung

Wichtig bei der Durchführung aller Befragungen, die im Folgenden vorgestellt werden, ist, dass jedes Teammitglied die Aussagen zunächst *für sich allein* beantwortet und sich die Teammitglieder nicht gegenseitig beeinflussen. Werden die Fragebögen in einer Sitzung mit mehreren oder allen Teammitgliedern ausgefüllt, sollte dabei Stille herrschen, bis das letzte Teammitglied mit der Beantwortung fertig ist. Oft führt schon eine einzige laut geäußerte Bemerkung – auch wenn sie z. B. witzig gemeint ist – zu Verfälschungen der Ergebnisse. Keines der hier vorgestellten Verfahren dauert länger als 15 Minuten, sie können also schnell und unkompliziert z. B. am Beginn eines Teammeetings ausgefüllt werden und sind während einer Pause sehr einfach auszuwerten, so dass eine erste Rückmeldung sozusagen „online" erfolgen kann.

3.2   Teamphasen

Erfassung der Interaktionsmuster im Team

In Kapitel 2.1 sind wir ausführlich auf zwei Modelle der zeitlichen Entwicklung von Teams eingegangen. In den beiden Modellen für permanente und temporäre Teams werden verschiedene Phasen angenommen. In welcher Phase z. B. des Modells von Tuckman (1965) ein Team sich gerade befindet, ist schwierig direkt zu „messen". Simon (2003) hält es aber für die Gestaltung von Teamentwicklungsmaßnahmen für wichtig, die in einer Gruppe ablaufenden Interaktionsmuster zu kennen. Ob die Teammitglieder eher viele Konflikte haben, ob sie ihre Rollen bereits gefunden haben oder hier noch Klärungsbedarf besteht usw. lässt sich zwar in dem einen oder anderen Fall auf die entsprechenden Phasen zurückführen, dies ist aber für die weiteren Ausführungen weniger relevant. Entscheidend ist vielmehr, dass es für die Gruppe selbst relativ schwierig ist, die in ihr ablaufenden Interaktionsprozesse zuverlässig zu analysieren. Hier ist es in der Regel sinnvoll, einen organisationsinternen oder externen Berater hinzuzuziehen. Diese Berater können dann bestehende Diagnoseverfahren einsetzen und die Ergebnisse anschließend mit dem Team besprechen, um so Ansatzpunkte für die Teamentwicklung zu bekommen. Als Verfahren bieten sich zum Beispiel Beobachtungs- und Klassifikationssysteme wie das SYMLOG (= *S*ystem for the *M*ultiple *L*evel *O*bservation of the *G*roup, also ein mehrstufiges Beobachtungssystem für Gruppen, siehe Becker-Beck & Schneider, 2003; Fisch & Beck, 2003), das KKR (= *K*asseler-*K*ompetenz-*R*aster, Kauffeld, 2003) oder das act4teams® (Kauffeld, 2006) an. In diesen Verfahren geht es im Grunde immer darum, dass Gruppensitzungen beobachtet und nach vorgegebenen Checklisten protokolliert werden, um dann daraus die bevorzugten Interaktionsmuster und mögliche Schwierigkeiten und Ansätze zur Verbesserung ableiten zu können.

Wie bereits gesagt, kommen diese komplexen Verfahren nur infrage, wenn ein externer Berater die Teamentwicklung betreut. Vor allem in den folgenden Fällen bietet es sich an, Berater von außen hinzuzuziehen:

Wann sollten externe Berater hinzugezogen werden?

– bei ganz neu entstehenden Gruppen, in denen weder die einzelnen Mitglieder noch die Teamleitung über fundierte Erfahrungen mit Teamarbeit verfügen,
– in Gruppen, in denen es offensichtlich häufiger zu Fehlern kommt und das Leistungsniveau niedrig ist,
– in Gruppen, in denen es tiefgreifende Veränderungen in der Teamleitung oder der Teammitglieder gibt, zum Beispiel ein Wechsel in der Teamleitung, ein Wechsel von mehreren Mitgliedern gleichzeitig usw.,
– in Gruppen, die durch Umstrukturierung völlig neue Aufgaben zugewiesen bekommen.

Auf der anderen Seite macht es aber in Teams, die schon seit einiger Zeit zusammenarbeiten und in denen ein gewisses Leistungsniveau und Vertrauen besteht, ebenfalls sehr viel Sinn, selbstgesteuert vorzugehen und die Messinstrumente, die wir im weiteren Verlauf dieses Kapitels darstellen, selbst einzusetzen. Dies geht schnell, ist vergleichsweise kostengünstig, unkompliziert und bietet unmittelbar Ansatzpunkte für einige der einfacheren Teamentwicklungsmaßnahmen, wie wir sie in Kapitel 4 beschreiben.

3.3   Teamrollen

Zur Analyse der Teamrollen nach Belbin (1993, siehe auch Belbin, 2010) für jedes einzelne Teammitglied gibt es ebenfalls eine Reihe von Verfahren, die allerdings kommerziellen Verwertungsrichtlinien unterliegen und die wir hier daher nicht in allen wünschenswerten Einzelheiten darstellen können. Beck und Fisch (2003) stellen den Fragebogen zur Selbstbeschreibung von Teamrollen (Belbin Team Role Self-Perception Inventory – BTRSPI) dar und empfehlen als kostengünstigsten Anbieter, der Testmaterial und Auswertungsprogramme vertreibt, die Beratungsfirma Bergander (www.bergander.de). Der BTRSPI ist ein Fragebogen, der in sieben Abschnitten sowohl positive als auch negative Aspekte der in Kapitel 2.2.1 beschriebenen neun Teamrollen abfragt.

Welches Teammitglied ist geeignet für welche Rolle im Team?

Diese sieben Abschnitte erfassen (siehe Beck & Fisch, 2003, S. 323):
– meine positiven Beiträge zur Teamarbeit,
– meine Schwächen in der Teamarbeit,
– mein Verhalten in der Arbeit mit anderen,
– mein typisches Herangehen an die Aufgaben im Team,
– Quellen der Zufriedenheit bei der Teamarbeit,
– mein Verhalten bei schwierigen Aufgaben und unter Zeitdruck,
– Probleme, die ich bei der Arbeit im Team habe.

Die Teammitglieder füllen jeweils einzeln den Fragebogen aus; dabei gibt es zu jedem der sieben Bereiche zehn Aussagen, die danach bewertet werden sollen, wie gut sie das eigene Verhalten und Erleben charakterisieren. Die Auswertung erfolgt computergestützt und liefert für jedes Teammitglied ein individuelles Profil, das die jeweiligen Ausprägungen auf den neun Teamrollen darstellt. Im Vergleich zu Normwerten, die mit dem Verfahren an einer großen Stichprobe gewonnen wurden, werden dann Prozentwerte und Einschätzungen darüber mitgeteilt, welche Rollen eher zu einem passen und welche man eher vermeiden sollte. Beck und Fisch (2003) kommen nach ihrer Diskussion der bisherigen methodologischen Untersuchungen zu Struktur und Güte des Fragebogens zu dem Schluss, dass es sich um ein sehr praktikables Verfahren handelt. Die alltagsnahen Beschreibungen sind auch für psychologische Laien verständlich und anschaulich und können den Teammitgliedern dabei helfen, die eigenen Funktionen und Rollen zu verstehen und auch Schwächen und potenzielle Konflikte zu analysieren.

3.4 Teamklima

Fragebogen zur Erfassung des Teamklimas

Zur Erfassung des Teamklimas gibt es eine Reihe von Verfahren. Erwähnt sei als Beispiel der Fragebogen zur Arbeit im Team von Kauffeld (2004), der mit nur 24 Items recht ökonomisch die beiden Dimensionen Strukturorientierung (mit den Subskalen Zielorientierung und Aufgabenbewältigung) und Personorientierung (mit den Subskalen Zusammenhalt und Verantwortungsübernahme) misst. Der Anwender gelangt so zu Erkenntnissen über Stärken und Schwächen und kann daraus Teamentwicklungsmaßnahmen ableiten (Kauffeld & Lehmann-Willenbrock, 2008).

Der folgende Fragebogen erfasst die in Kapitel 2.4 diskutierten Aspekte der 4-Faktorentheorie. Der Fragebogen entstammt der Forschung der Arbeitsgruppe Work & Organisational Psychology in Krankenhäusern (Borrill & West, ohne Jahr, a), er hat sich bereits in vielen sehr unterschiedlichen Bereichen, wie Schulen, Softwareentwicklung oder Banken, bewährt und liegt als Teamklima-Inventar (TKI) auch in einer ausführlicheren deutschsprachigen Version vor (Brodbeck, Anderson & West, 2000). Mit dem TKI können auch verschiedene Unterfacetten der Dimensionen erfasst werden. Dies sind
– für die Dimension *Vision* die Subskalen „Klarheit", „Wertschätzung" „Einigkeit" und Erreichbarkeit",
– für die Dimension *Partizipative Sicherheit* die Subskalen „Informationsverteilung", „Sicherheit", Einfluss" und „Kontaktpflege",
– für die Dimension *Aufgabenorientierung* die Subskalen „Hohe Standards", „Reflexion" und „Synergie",
– für die Dimension *Unterstützung für Innovation* die Subskalen „Bereitschaft" und „Umsetzung".

Soziale Erwünschtheit = Schönfärberei

Schließlich enthält der TKI noch zwei Skalen zur sozialen Erwünschtheit, mit denen gemessen werden kann, ob die Teammitglieder die Situation in unrealistischer Art und Weise positiv darstellen – wenn dies über die normalen Tendenzen zu leichter „Schönfärberei" hinausgeht, kann man die Ergebnisse der übrigen Skalen nicht ernsthaft interpretieren und sollte eher nach Gründen für die hohe soziale Erwünschtheit (z. B. starkes Misstrauen unter den Kollegen oder gegenüber dem Teamleiter) suchen.

Aus dieser kurzen Beschreibung des TKI dürfte deutlich geworden sein, dass dieser sehr viel besser in der Lage ist, das Klima für Innovationen in einem Team zu beschreiben und daraus konkrete Verbesserungsempfehlungen abzuleiten, als dies mit dem in der Folge vorgestellten kurzen Fragebogen möglich ist. Dennoch kann dieser Fragebogen gute Dienste für ein erstes Screening geben, ob das Teamklima „im grünen Bereich" liegt oder ob es Probleme in einer der vier Dimensionen gibt. Es liegen keine Normen vor, der Fragebogen hat sich aber vor allem – und dies in vielen Einsätzen im Britischen Gesundheitssystem – als gute Grundlage für anschließende Diskussionen im Team erwiesen.

Anwendung und Auswertung

Kopieren Sie den folgenden Fragebogen und geben Sie ihn jedem Teammitglied. Die Teammitglieder sollen dann jede Aussage entsprechend der Instruktion bearbeiten.

Jedes Teammitglied kann seine Ergebnisse in die folgende Tabelle eintragen und für jede der vier Dimensionen die Summen- und Durchschnittswerte berechnen.

Tabelle 5:
Auswertungsschema für den Fragebogen zur Teamarbeit
(Borrill & West, ohne Jahr, a; vgl. Brodbeck, Anderson & West, 2000)

	Aussage Nr.		Aussage Nr.
Vision	1 _____ 10 _____ 12 _____ Summe _____ Durchschnitt _____ (Gesamtwert/3)	Aufgaben- orientierung	3 _____ 11 _____ 13 _____ 15 _____ Summe _____ Durchschnitt _____ (Gesamtwert/4)
Partizipative Sicherheit	4 _____ 6 _____ 7 _____ 8 _____ 16 _____ Summe _____ Durchschnitt _____ (Summe/5)	Unterstützung für Innovation	2 _____ 5 _____ 9 _____ 14 _____ Summe _____ Durchschnitt _____ (Summe/4)

Fragebogen zur Teamarbeit

(Quelle: Borrill & West, ohne Jahr, a; vgl. Brodbeck, Anderson & West, 2000)

Instruktion: Im Folgenden finden Sie einige Aussagen, mit denen sich Teams beschreiben lassen. Bitte kreuzen Sie an, wie sehr die einzelnen Aussagen auf das Team zutreffen, in dem Sie gegenwärtig arbeiten.

	trifft gar nicht zu 1	trifft wenig zu 2	trifft mittel zu 3	trifft eher zu 4	trifft voll zu 5
1. In diesem Team ist allen klar, was wir erreichen wollen.					
2. Wir wissen, dass wir uns aufeinander verlassen können.					
3. Wir haben anregende Diskussionen darüber, wie wir am besten arbeiten.					
4. Wir treffen uns ausreichend häufig, um effektiv zu kommunizieren und zu koordinieren.					
5. Die Teammitglieder bieten einander immer schnell Hilfe an, um etwas Neues auszuprobieren.					
6. Wir haben alle Einfluss auf endgültige Entscheidungen im Team.					
7. Wir halten uns über arbeitsrelevante Dinge gegenseitig auf dem Laufenden.					
8. In unserem Team herrscht ein Gefühl von Sicherheit und Vertrauen.					
9. Wir sind jederzeit aufgeschlossen gegenüber neuen Ideen.					
10. Alle Teammitglieder fühlen sich den Zielen des Teams verpflichtet.					
11. Wir können offen über Fehler sprechen.					
12. Wir stimmen über unsere Ziele überein.					
13. Es herrscht bei uns eine Atmosphäre, in der konstruktive Kritik geübt wird.					
14. Wir unterstützen einander in Ideen über neue und verbesserte Arbeitsprozesse.					
15. Wir unterstützen uns gegenseitig bei der Erledigung unserer Aufgabe.					
16. Jeder im Team trägt zur Entscheidungsfindung bei.					

Im nächsten Schritt werden dann in der folgenden Tabelle die Gesamt- und Durchschnittswerte für das gesamte Team eingetragen und berechnet.

Tabelle 6:
Darstellung der Gesamt- und Durchschnittswerte

	Summe Team	Durchschnitt Team
Vision		
Aufgabenorientierung		
Partizipative Sicherheit		
Unterstützung für Innovation		
Teamgesamtwert		

Sowohl die Ergebnisse der Einzelmitglieder als auch die Ergebnisse für das ganze Team können dann als Grundlage für Diskussionen im Team dienen, in denen die Stärken und Schwächen betrachtet und Verbesserungsmöglichkeiten erarbeitet werden.

3.5 Reflexivität

In Kapitel 2.5 sind wir ausführlich auf die Rolle von Reflexivität für effektives Teamwork eingegangen und haben die Dimensionen von Teamreflexivität vorgestellt. Auf den nächsten Seiten werden wir zwei kurze Fragebögen vorstellen, mit denen Reflexivität im Team gemessen werden kann. Dabei geht es einmal um aufgabenbezogene, zum anderen um soziale Reflexivität. Für die beiden Fragebögen liegen keine konkreten Normen oder Zuverlässigkeitsindices vor. Sie wurden aber in vielen Praxisprojekten in unterschiedlichen Bereichen, sowohl im öffentlichen Bereich wie im Profitbereich eingesetzt. Die aufgabenbezogene Reflexivität ging in diesen Projekten einher mit Leistung und Innovation, während sich die Skala für soziale Reflexivität als gutes Barometer für die Teamkohäsion und die Zufriedenheit der Teammitglieder gezeigt hat. Die Fragebögen haben sich also für eine erste Orientierung gut bewährt (vgl. West & Markiewicz, 2004).

Aufgabenbezogene und soziale Reflexivität

Anwendung

Kopieren Sie die folgenden Fragebögen und geben Sie sie jedem Teammitglied. Die Teammitglieder sollen dann alle Aussagen entsprechend der Instruktion bearbeiten.

Fragebogen zur aufgabenbezogenen Reflexivität

(Quelle: West & Markiewicz, 2004)

Instruktion: Die folgenden Aussagen beschreiben die Art, wie in Ihrem Team Ziele hinterfragt werden und wie die Teammitglieder miteinander umgehen. Bitte kreuzen Sie an, wie sehr die einzelnen Aussagen im Moment auf Ihre momentane Situation zutreffen.

	stimme gar nicht zu 1	stimme nicht zu 2	stimme eher nicht zu 3	un-sicher 4	stimme eher zu 5	stimme zu 6	stimme voll zu 7
1. Das Team überprüft regelmäßig seine Ziele.							
2. Wir diskutieren regelmäßig, ob wir effektiv zusammenarbeiten.							
3. Wir diskutieren häufig über die Methoden, wie wir unsere Arbeit machen.							
4. Wenn sich die Umstände ändern, passen wir auch unsere Ziele den Veränderungen an.							
5. Wir passen unsere Strategien häufig an.							
6. Wir sprechen oft darüber, ob wir angemessen miteinander kommunizieren.							
7. Wir diskutieren regelmäßig darüber, ob die Art und Weise, wie wir unsere Arbeit tun, angemessen ist.							
8. Die Art und Weise, wie wir zu Entscheidungen kommen, wird regelmäßig hinterfragt und verändert.							

Fragebogen zur sozialen Reflexivität

(Quelle: West & Markiewicz, 2004)

Instruktion: Die folgenden Aussagen beschreiben die Art, wie in Ihrem Team Ziele hinterfragt werden und wie die Teammitglieder miteinander umgehen. Bitte kreuzen Sie an, wie sehr die einzelnen Aussagen im Moment auf Ihre momentane Situation zutreffen.

	stimme gar nicht zu 1	stimme nicht zu 2	stimme eher nicht zu 3	un-sicher 4	stimme eher zu 5	stimme zu 6	stimme voll zu 7
1. In schwierigen Momenten unterstützen wir uns gegenseitig.							
2. Wenn es sehr stressig wird, sind wir besonders hilfsbereit.							
3. Konflikte bleiben bei uns nicht unbearbeitet.							
4. Die Teammitglieder bringen sich gegenseitig häufig neue Fertigkeiten bei.							
5. Wenn es besonders anstrengend wird, ziehen wir alle an einem Strang.							
6. Wir sind immer freundlich zueinander.							
7. Konflikte werden bei uns konstruktiv bearbeitet.							
8. Meinungsverschiedenheiten zwischen Teammitgliedern werden normalerweise schnell aus dem Weg geräumt.							

Auswertung und Interpretation

Addieren Sie zunächst alle Antworten aller Teammitglieder für jeden Bereich getrennt, d. h. zuerst alle Antworten aller Teammitglieder für den Bereich der aufgabenbezogenen Reflexivität und dann alle Antworten aller Teammitglieder für den Bereich der sozialen Reflexivität. Dividieren Sie dann die Summenwerte durch die Anzahl der teilnehmenden Teammitglieder.

In beiden Bereichen kennzeichnen *Werte zwischen 40 und 56* eine gute Situation. *Werte zwischen 32 und 40* liegen im mittleren Bereich – in einigen Teilen ist die Reflexivität bereits gut ausgeprägt, in anderen besteht Verbesserungsbedarf. Wenn Sie *Werte zwischen 8 und 31* ermitteln, besteht Handlungsbedarf – die Reflexivität ist in Ihrem Team (noch) schlecht verankert.

3.6 Führung im Team

Wie wir in Kapitel 2.3 dargestellt haben, ist die Funktion der Teamleitung sehr wichtig für den Zusammenhalt und Erfolg des Teams. In Kapitel 2.2.2 haben wir beschrieben, welche verschiedenen Aufgaben und Rollen der Teamleiter innehat. Im Wesentlichen haben wir dabei zwischen Management-, Führungs- und Coaching-Aufgaben unterschieden. Im Folgenden stellen wir einen kurzen Fragebogen zur Effektivität der Teamleitung vor (Quelle: Borrill & West, ohne Jahr, b), den Sie selbst einsetzen und auswerten können. In einigen Gruppen gibt es eine rotierende Teamleitung oder mehrere Personen teilen sich die Leitungsfunktion – in diesen Fällen sollte der Fragebogen von allen beteiligten Personen getrennt ausgefüllt und ausgewertet werden. Anschließend sollte man in einem gemeinsamen Gespräch die Ergebnisse vergleichen. Man kann dann erstens versuchen, individuelle Schwächen durch entsprechendes Training auszugleichen und zweitens die unterschiedlichen Stärken der Leitungspersonen optimal zu kombinieren. Dieser Fragebogen wurde von Michael West und seinem Team in sehr vielen Projekten im Britischen Gesundheitssystem verwendet und wurde dort auch von Teams selbst immer wieder eingesetzt. Es liegen keine konkreten Normen vor, zur Orientierung haben sich die Fragen sehr bewährt.

Nachdem Sie den Fragebogen auf der folgenden Seite bearbeitet haben, tragen Sie Ihre Antwort zu jeder Aussage in die nachstehende Tabelle ein. Berechnen Sie dann für jeden Bereich einen Gesamtwert.

Fragebogen zur Effektivität der Teamleitung

(Quelle: Borrill & West, ohne Jahr, b)

Instruktion: Im Folgenden finden Sie einige Aussagen zur Art, wie Sie Ihr Team leiten. Bitte kreuzen Sie an, wie sehr die einzelnen Aussagen gegenwärtig auf Sie zutreffen.

	trifft gar nicht zu 1	trifft wenig zu 2	trifft mittel zu 3	trifft eher zu 4	trifft voll zu 5
1. Ich bin für die Teammitglieder jederzeit ansprechbar um Probleme oder Schwierigkeiten zu diskutieren.					
2. Ich stelle sicher, dass unser Team mit anderen Teams Informationen austauscht und die Arbeit koordiniert.					
3. Ich behandle jedes Teammitglied als Individuum mit unterschiedlichen Neigungen, Fähigkeiten und Bedürfnissen.					
4. Ich mache jederzeit deutlich, welche Ergebnisse und Leistungen erwartet werden.					
5. Ich helfe dem Team, die Ressourcen zu bekommen, die für die Aufgabenerledigung benötigt werden.					
6. Ich helfe dem Team bei der Koordinierung und Planung, um Verzögerungen und unnötige Arbeit zu vermeiden.					
7. Ich kontrolliere regelmäßig die Fortschritte und vergleiche sie mit den Zielsetzungen.					
8. Wenn es besonders schwirige und anstrengende Projekte gibt, ermutige und unterstütze ich das Team.					
9. Ich bin jederzeit bereit, den Teammitgliedern Ratschläge und Hilfestellung zu geben.					
10. Ich ermutige das Team, Probleme aus verschiedenen Perspektiven zu betrachten.					

	trifft gar nicht zu 1	trifft wenig zu 2	trifft mittel zu 3	trifft eher zu 4	trifft voll zu 5
11. Ich erkenne gute Leistungen und besondere Anstrengungen an.					
12. Ich kontrolliere regelmäßig die Qualität der erbrachten Leistungen.					
13. Ich vertrete die Interessen des Teams gegenüber der Organisation.					
14. Ich bin dabei behilflich, aufgabenbezogene Konflikte zu lösen.					
15. Ich ermutige das Team, aus Fehlern zu lernen.					
16. Ich gebe Rückmeldungen, so dass sie dem Team bei Verbesserungen helfen.					
17. Ich stelle sicher, dass das Team alle wichtigen Informationen erhält.					
18. Ich ermuntere das Team zur Zusammenarbeit mit anderen Teams.					
19. Sind Entscheidungen zu treffen, stelle ich sicher, dass jedes Teammitglied sein spezifisches Wissen einbringen kann.					

Tabelle 7:
Auswertungsschema des Fragebogens zur Effektivität der Teamleitung
(Borrill & West, ohne Jahr, b)

	Aussage Nr.		Aussage Nr.		Aussage Nr.
Management	4 ____ 6 ____ 7 ____ 12 ____ 14 ____	Führung	2 ____ 5 ____ 10 ____ 13 ____ 15 ____ 17 ____ 18 ____ 19 ____	Coaching	1 ____ 3 ____ 8 ____ 9 ____ 11 ____ 16 ____
	Summe ____		Summe ____		Summe ____

Interpretation

Wenn Sie die Gesamtwerte für die drei Dimensionen Management, Führung und Coaching berechnet haben, können Sie Ihre Ergebnisse mit den unten zusammengefassten Beschreibungen von Stärken und Schwächen vergleichen. Wenn Sie in einer oder mehreren Dimensionen Werte im unteren Bereich ermittelt haben, empfehlen wir die Teilnahme an Qualifizierungsmaßnahmen, je nachdem in Methoden der Teamführung, in Coachingverfahren oder in Management/Koordination. Wenn Ihre Ergebnisse im oberen Bereich liegen, wissen Sie, wo Ihre Stärken liegen – hierauf können Sie in Zukunft aufbauen. Wenn Sie in einer oder mehreren Dimensionen Werte ermittelt haben, die zwischen den von uns als niedrig und hoch klassifizierten Bereichen liegen, deutet dies ebenfalls auf Verbesserungsmöglichkeiten hin, die aber vermutlich kurzfristig und mit geringem Aufwand erzielt werden können.

Stärken und Schwächen in den verschiedenen Bereichen

Tabelle 8:
Interpretationsanleitung der Ergebnisse

	Niedrige Werte	**Hohe Werte**
Management	(unter 14)	(über 20)
	Das Team bekommt vermutlich nicht ausreichend Anleitung und Rückmeldung. Dies kann zu Leistungseinbußen führen.	Sie koordinieren Ihre Teammitglieder auf eine gute Art und Weise, kontrollieren effektiv und lösen Konflikte so, dass das Team effektiv arbeiten kann.
Führung	(unter 22)	(über 34)
	Das Team kann seine Potenziale vermutlich nicht realisieren, weil es zu geringe Ressourcen hat, wenige Herausforderungen erlebt und zu wenig koordiniert wird.	Sie ermutigen das Team zu Reflexivität, stellen Unterstützung von der Organisation sicher und unterstützen die Integration mit anderen Teams.
Coaching	(unter 16)	(über 26)
	Sie sollten etwas mehr Zeit investieren, um die Teammitglieder zu unterstützen, so dass sie sich stärker entwickeln und Schwierigkeiten meistern können.	Sie stellen Ihren Teammitgliedern ausreichende Unterstützung zur Verfügung, ermutigen sie und lassen sie an Ihrem Wissen und Ihren Fähigkeiten teilhaben.

Wie bereits oben beschrieben, kann die Befragung in solchen Teams besonders hilfreich sein, in denen sich mehrere Personen die Teamführung teilen. Dann können die Ergebnisse dazu benutzt werden, die verschiedenen Aufgaben an Personen zu geben, die in der jeweiligen Dimension ihre besonderen Stärken haben. Für die erfolgreiche Zusammenarbeit im Team ist es dann aber sehr wichtig, dass alle Teammitglieder völlige Klarheit darüber haben, wer im Leitungsgremium welche Rolle einnimmt (Wer ist der Koordinator, wer übernimmt Beratungsfunktionen, wer gibt die Vision und die Richtung vor?).

3.7 Unterstützung der Teamarbeit

Die Analyse der organisationalen Unterstützung

In den Kapiteln 1.4 und 2.3 sind wir auf die wichtige Rolle der Gesamtorganisation für erfolgreiche Teamarbeit eingegangen. Neben der Reflexivität über die eigenen Ziele und Prozesse sollten sich Team und (vor allem) Teamleitung auch regelmäßig fragen, ob Teamarbeit durch die Organisation optimal unterstützt wird. Im Folgenden stellen wir daher einen Fragebogen dar, mit dem eine solche Analyse schnell und einfach erfolgen kann. Mitarbeiter in Personalabteilungen haben mit diesem Fragebogen gute Erfahrungen zur ersten Einschätzung über das Ausmaß, mit dem die obere Führungsetage teambasierte Strukturen fördert und unterstützt, gemacht. Michael West und sein Team haben mehrfach gefunden, dass in Organisationen, in denen Teamarbeit nicht ausreichend „von oben" unterstützt wird, die Teamarbeit deutlich weniger effektiv ist.

Anwendung und Auswertung

Geben Sie diesen Fragebogen jedem Teammitglied und bitten Sie darum, ihn entsprechend der Instruktion auszufüllen.

Sammeln Sie alle Fragebögen ein und kodieren sie zunächst die Antworten auf die negativ formulierten Aussagen 3, 6, 7, 8 und 13 um, d. h. notieren Sie eine 1, wenn eine 7 angekreuzt wurde, eine 2 für eine 6 , eine 3 für eine 5, die 4 bleibt eine 4, die 3 wird zur 5, die 2 zur 6 und notieren Sie eine 7, wenn die 1 angekreuzt wurde. Um eine Gesamteinschätzung über die Unterstützung für Teamarbeit in Ihrer Organisation zu bekommen, summieren Sie nun alle Antworten aller Teammitglieder und teilen Sie diese durch die Anzahl der Teammitglieder, die sich an der Befragung beteiligt haben. Vergleichen Sie die Ergebnisse mit den folgenden Beschreibungen.

Werte von 3 und weniger bei jeder einzelnen Aussage kennzeichnen ein niedriges Unterstützungsniveau. Daher bedeutet ein *Gesamtwert von 66 und weniger*, dass sich radikal etwas ändern muss.

Ein Wert von 4 bei den Einzelaussagen bedeutet, dass einiges bereits gut funktioniert, anderes aber noch nicht optimal ist. *Gesamtwerte zwischen 67 und 77* bedeuten daher, dass es Raum für Verbesserungen gibt, aber man bereits auf einigen bestehenden Unterstützungssystemen aufbauen kann.

Werte von 5 und mehr bei den Einzelaussagen indizieren, dass generell gute Unterstützung wahrgenommen wird und die Teamarbeit innerhalb des Teams

Fragebogen zur Unterstützung der Teamarbeit

Instruktion: Die folgenden Aussagen beschreiben die Beziehungen zwischen Ihrem Team und anderen Teams sowie der Organisation. Bitte kreuzen Sie an, wie sehr die einzelnen Aussagen im Moment auf die Situation in Ihrer Organisation zutreffen.

	stimme gar nicht zu 1	stimme nicht zu 2	stimme eher nicht zu 3	unsicher 4	stimme eher zu 5	stimme zu 6	stimme voll zu 7
1. In dieser Organisation wird gute Leistung anerkannt.							
2. Unser Team ist auf andere Teams angewiesen, um die Aufgaben zu erledigen.							
3. In dieser Organisation bekommt unser Team nicht immer die Unterstützung, die es braucht.							
4. Wir haben harmonische Beziehungen zu den anderen Teams.							
5. Unser Team bekommt alle Informationen, die es benötigt.							
6. Mit unserem Team wurden keine klaren Ziele vereinbart.							
7. Wenn wir im Team Probleme haben, gibt es von der Organisation keinerlei Unterstützung.							
8. Die Raumbedingungen und die Ausstattung sind unzureichend.							
9. Unserem Team wurde klar gesagt, welche Ziele zu erreichen sind.							
10. Die Organisation stellt uns alles zur Verfügung, was wir zur guten Zusammenarbeit brauchen.							
11. Unser Team arbeitet sehr viel mit anderen Teams zusammen.							
12. Die Organisation unterstützt uns in unserer Teamarbeit.							
13. Die Mitglieder des Teams bekommen nicht das nötige Training.							
14. Die Organisation belohnt gutes Teamwork.							

und mit anderen Teams gut funktioniert. Ein *Gesamtwert von über 78* bedeutet daher, dass die Organisation auf dem eingeschlagenen Weg bleiben kann und kontinuierlich feststellen sollte, ob weiterhin alles gut funktioniert.

Eine Anmerkung: Wenn Sie *Gesamtwerte von 95* und mehr erzielen, können Sie davon ausgehen, dass die Teammitglieder nicht ganz ehrlich geantwortet haben. Entwender besteht dann ein zu großes Selbstvertrauen und man ignoriert Probleme oder die Teammitglieder haben nicht ehrlich geantwortet, weil sie Angst vor negativen Konsequenzen haben.

Bereiten Sie nun eine kurze Zusammenfassung vor, die Sie mit den Mitgliedern Ihres Teams diskutieren. In dieser Diskussion sollten dann besondere Schwachstellen ermittelt werden, wobei die Aussagen des Fragebogens als Richtlinie dienen oder Leitfragen für die Diskussion darstellen können. Solche Fragen können sein: Ist es die mangelnde Anerkennung oder die praktische Unterstützung, die fehlt? Sind es eher fehlende Ziele oder Schwierigkeiten in der Arbeit mit anderen Teams? usw. Sind diese Schwachstellen ermittelt, sollten in Gesprächen mit dem Management Lösungen erarbeitet werden.

3.8 Ermittlung der Kompetenzen für virtuelle Teamarbeit und Telekooperation

Das Virtual Team Competency Inventory

Hertel, Konradt und Voss (2006) haben ein Instrument zur Überprüfung der Voraussetzungen und Kompetenzen virtueller Teams, das Virtual Team Competency Inventory, entwickelt. In diesem Instrument, das webbasiert auch per Inter- oder Intranet vorgegeben und per Selbstauskunft bearbeitet wird, können auf recht ökonomische Weise mit insgesamt 39 Fragen 11 Fähigkeiten und Fertigkeiten abgeprüft werden, die Hertel und Kollegen als Voraussetzungen für erfolgreiche Zusammenarbeit in virtuellen Teams ansehen. Es soll insbesondere Hilfestellung leisten für die Platzierung und Auswahl von Mitgliedern virtueller Teams.

Generell gehen Hertel, Konradt und Voss davon aus, dass sich die Kompetenzen auf die Motivation und die Leistung der einzelnen Mitglieder auswirken und daraus wiederum eine geringere oder größere Effektivität des virtuellen Teams resultiert. Ob sich dabei die vorhandenen Kompetenzen auch eher stark oder schwach in Motivation und Leistung übertragen, hängt zusätzlich von verschiedenen moderierenden Faktoren ab, wie zum Beispiel den organisationalen Rahmenbedingungen oder dem Führungsstil des Teamleiters (für Anforderungen an Führungskräfte in virtuellen Teams und Ansätze für spezifische Trainings, siehe Konradt & Hertel, 2002).

Welches sind nun die Kompetenzen, die wichtig sind? Zunächst (und nicht im Instrument enthalten) sind dies allgemeine kognitive Fähigkeiten (die zum Beispiel mit allgemeinen Intelligenztests oder Problemlösetests ermittelt werden können) und die spezifische Ausbildung und Erfahrung des potenziellen Teammitglieds. Darüber hinaus unterscheiden Hertel und Kollegen folgende 11 Dimensionen, die sie in drei Bereiche unterteilen:

Kompetenzen für virtuelle Teamarbeit und Telekooperation

1. Aufgabenbezogene Kompetenzen:
   - Gewissenhaftigkeit
   - Integrität
   - Loyalität

2. Teamarbeitsbezogene Kompetenzen:
   - Kooperationsbereitschaft
   - Kommunikationsfähigkeit

3. Telekooperationsbezogene Kompetenzen:
   - Ausdauer
   - Lernbereitschaft
   - Kreativität
   - Selbständigkeit
   - Vertrauensbereitschaft
   - Interkulturelle Fähigkeiten

In einer ersten Anwendungsstudie hat sich das Instrument als praktikabel erwiesen, die einzelnen Kompetenzdimensionen werden konsistent gemessen (Alpha insgesamt .92) und es zeigte sich eine ausreichende Übereinstimmung zwischen den ermittelten Werten des Instruments und einer Leistungsbeurteilung der Mitarbeiter durch die Vorgesetzten (multiple Korrelation von .49). Als besonders vorteilhaft erwiesen sich dabei die Kompetenzen Loyalität und Kooperationsbereitschaft, während eine starke Orientierung an Regeln ehr negativ zu sehen ist. Auf Teamebene konnten Hertel und Kollegen (2006) zeigen, dass Vorgesetzte Teams umso besser bewerten, je stärker die Teammitglieder (im Durchschnitt) ihre Kompetenzen bewerten – hier erwiesen sich vor allem die Dimensionen Kreativität, Lernbereitschaft und Selbständigkeit als besonders wichtig.

4 Vorgehen bei der Teamentwicklung

4.1 Organisationsentwicklung als Vorbedingung für Teamarbeit und Teamentwicklung

Unterstützung durch die Organisation notwendig für Teamentwicklung

In Kapitel 3.1 haben wir beschrieben, dass eine Teamentwicklung nur sinnvoll ist, wenn die Organisation ein Grundverständnis für teambasiertes Arbeiten hat und Teams auch in ihrer Entwicklung und Arbeit unterstützt. In Kapitel 3.7 haben wir ein entsprechendes Messinstrument vorgestellt, mit dem man ermitteln kann, ob die Organisation die Teamarbeit ausreichend unterstützt. Hat eine Befragung der Teammitglieder ergeben, dass dies in nur unzureichendem Ausmaß der Fall ist, sollte zunächst mit einer Organisationsentwicklung in Richtung auf teambasiertes Arbeiten (TBA) begonnen werden. Die folgenden Hinweise können daher der Teamleitung Anregungen geben, in Zusammenarbeit mit anderen Führungskräften und dem Personalmanagement Organisationsentwicklungsmaßnahmen einzuleiten, die über das eigene Team hinausgehen.

Wir wollen an dieser Stelle kurz auf die wesentlichen Schritte eingehen, die eine Organisation hin zu TBA gehen muss. Wir unterteilen die gesamte Organisationsentwicklung in sechs Phasen, die in Abbildung 10 dargestellt sind (vgl. West & Markiewicz, 2004).

Abbildung 10:
Phasen der Organisationsentwicklung zu Teambasiertem Arbeiten (TBA)
(nach West & Markiewicz, 2004)

Phase 1 besteht darin, dass sich die Organisation – und hier vor allem das Topmanagement – überhaupt für die Einführung von TBA entscheidet. Dazu müssen die vorhandenen Strukturen, die Organisationskultur und auch die Aufgaben im Hinblick darauf überprüft werden, ob sie grundsätzlich für TBA geeignet sind. Die Phase schließt ab mit einem Entwicklungsplan für die Einführung von TBA. In Phase 2 werden die Unterstützungssysteme für TBA entwickelt, also die Abteilungen und Gruppen für Training, Feedback usw. und es werden Pläne gemacht, wie die bestehenden Personalentwicklungssysteme in die neuen Strukturen integriert werden können. In Phase 3 werden Kriterien für die Auswahl von Teamleitern und Teammitgliedern abgestimmt, dann folgt die Auswahl und die Teamleiter werden auf ihre neuen Aufgaben vorbereitet. In Phase 4 geht es um den Aufbau und die Entwicklung der Teams, vor allem werden in dieser Phase – gemeinsam mit den Teammitgliedern – Visionen und Ziele vereinbart. In den beiden letzten Phasen geht es um die Überprüfung der Effektivität – zunächst wird in Phase 5 die Teameffektivität gemessen und schließlich in Phase 6 die gesamte Organisationsentwicklung evaluiert. Dabei geht es nur in Ausnahmefällen um die Frage, ob sich die gesamte Maßnahme bereits in Form von Profitabilitätskennzahlen ausgezahlt hat und fortgeführt wird oder nicht. Meist geht es eher darum, noch bestehende Reibungspunkte zu identifizieren. Dann beginnt der in Abbildung 10 dargestellte Kreislauf von Neuem, es wird also wieder gefragt, welche (zusätzlichen) Aufgaben mit TBA bearbeitet werden können, welche Teams und Teamleiter man dazu braucht usw.

Sechs Phasen der Organisationsentwicklung zu teambasiertem Arbeiten

Tabelle 9:
Meilensteine in der Organisationsentwicklung zu TBA
(nach West & Markiewicz, 2004)

Aktivität	Zeitpunkt der Erreichung
Commitment des Topmanagements gewonnen	1 Monat
Ziele teambasierten Arbeitens vereinbart	6 Wochen
Steuerungsgruppe eingesetzt	6 Wochen
Übersicht über geeignete Aufgaben für Teamwork abgeschlossen	2 Monate
Neue Strukturen gestaltet	4 Monate
Übersicht über notwendige Unterstützungssysteme abgeschlossen	4 Monate
Kriterien zur Auswahl von Teammitgliedern und -leitern entwickelt	4 Monate
Lernziele für Teamleiter abgestimmt	6 Monate
Vorläufiges Training von Teamleitern abgeschlossen	7 Monate
Entwicklungspläne abgestimmt	7 Monate
Veränderungen in den Unterstützungssystemen abgeschlossen	9 Monate
Erste Überprüfung der Teamleistung	15 Monate
Abschluss der Evaluation der OE-Maßnahme	18 Monate

Antoni (2000) hat ebenfalls sechs Phasen auf dem Weg zur Teamarbeit beschrieben, die sich zum größten Teil mit den oben beschrieben Phasen decken; er bezeichnet sie als
1. Sondierung und Start,
2. Ist-Analyse,
3. Schaffung gemeinsamer Visionen und Ziele,
4. Entwicklung des Teamkonzeptes,
5. Umsetzung der Teamarbeit,
6. Kontrolle und Weiterentwicklung.

Diese Entwicklung vollzieht sich natürlich über einen längeren Zeitraum, wie Tabelle 9 zeigt. Es kann leicht vier Monate dauern, bis die ersten Strukturen geschaffen werden, und 15 Monate, bis die Teams so arbeiten, dass man zum ersten Mal ihre Effektivität überprüfen sollte. Bis die Organisationsentwicklung insgesamt evaluiert wird, dauert es ungefähr 1½ Jahre.

4.2 Allgemeines Vorgehen

4.2.1 Grundregeln bei der Einführung von Teamarbeit

Häufig verletzte Grundregeln

Grundsätzlich gelten bei der Einführung von Teamarbeit folgende Grundregeln, die allerdings recht häufig verletzt werden (vgl. West & Markiewicz, 2004) und aus denen dann entweder Probleme bei der Aufgabenbearbeitung oder zwischenmenschliche Konflikte in den Beziehungen der Teammitglieder entstehen können.

Grundregeln bei der Einführung von Teamarbeit
1. Individuen brauchen intrinsisch motivierende Aufgaben
Menschen arbeiten besser, wenn sie Aufgaben haben, die anregend, herausfordernd und interessant sind. Wenn man immer nur eine Schraube am Wagenrad montiert, ist das weniger befriedigend und es schleichen sich eher Unzufriedenheit und Fehler ein, als wenn man ein komplettes Fahrzeug oder zumindest ein wichtiges System (Bremsen, Motor) montieren kann. Sind die Aufgaben *vielfältig*, *bedeutsam*, *ganzheitlich*, hat man eine gewisse *Autonomie* bei der Art, wie man sie erledigt und bekommt man *Rückmeldung* darüber, ob man sie gut oder schlecht erledigt hat, sind Mitarbeiter motivierter, zufriedener und arbeiten erfolgreicher (Hackman & Oldham, 1980).
2. Teams brauchen Teamaufgaben
Aufgaben sollten so gestaltet sein, dass echte Teamarbeit sinnvoll und möglich ist. Die oben genannten Bedingungen von Ganzheitlichkeit, Vielfältigkeit, Bedeutsamkeit, Autonomie und Rückmeldung gelten auch

Aufgaben müssen motivieren

Aufgaben müssen teamgerecht sein

für die Gestaltung der übergeordneten Aufgaben, die das Team auszuführen hat. Eine Gruppe von vier Personen, die die vier Radmuttern montiert, indem jedes Teammitglied eine Schraube festzieht, erfüllt vermutlich keine der genannten Bedingungen. Eine teilautonome Arbeitsgruppe, deren Aufgabe die komplette Montage eines Fahrzeugs ist und die selbst entscheiden kann, wer welche Teilaufgaben ausführt, erfüllt dagegen die Bedingungen sehr viel besser.

3. Individuen müssen einen wichtigen Beitrag zur Gruppe leisten

Negative Phänomene wie das soziale Faulenzen (siehe Kapitel 1.5.2) werden umso wahrscheinlicher, je irrelevanter man seinen eigenen Beitrag zum Gruppenergebnis einschätzt. Natürlich gibt es Teamaufgaben, bei denen einzelne Teilaufgaben weniger wichtig sind (irgendjemand muss ja die Radmuttern montieren). Deshalb ist es wichtig, z. B. durch Rotation jedem Teammitglied zu ermöglichen, erstens von Zeit zu Zeit wichtigere Aufgaben zu erledigen, und zweitens zu merken, dass auch die vermeintlich unwichtigen Aufgaben in der Summe einen Anteil am Teamprodukt haben.

Beiträge der einzelnen Teammitglieder müssen wichtig sein

4. Die Beiträge der einzelnen Teammitglieder müssen identifizierbar und evaluierbar sein

Die Forschung zum sozialen Faulenzen (siehe Kapitel 1.5.2) hat gezeigt, dass es wichtig ist, dass identifizierbar sein sollte, welches Teammitglied welche Leistung zeigt und inwieweit die Einzelleistung zum Erfolg des Teams beiträgt, damit die Teammitglieder ihr Bestes geben.

Einzelbeiträge müssen sichtbar sein

5. Auf Teamebene muss es klare Teamziele, unmittelbares Feedback und kontingente Belohnung geben

Wie auch bei individuellen Zielen, Rückmeldungen und Belohnungen müssen die Teammitglieder wissen, welche Ziele und Vision ihr Team verfolgt, in welchem Ausmaß die Ziele erreicht werden und sie müssen für die Zielerreichung *als Team* belohnt werden.

Ziele, Rückmeldung und Anreize auf Teamebene sind wichtig

West, Hirst, Richter und Shipton (2004) haben einige Regeln vorgestellt, wie Teams optimal entwickelt werden können, damit Wandel und Umstrukturierung in Organisationen besser gesteuert und bewältigt werden können. Grundlage ist die Annahme, dass Teams, die fähig und motiviert zu Innovationen sind, auch tatsächliche Innovationen in Organisationen vorantreiben können. Das Modell baut auf der in Kapitel 2.4 dargestellten 4-Faktorentheorie der Innovation auf und leitet daraus, erweitert durch neuere Befunde zur Teameffektivität, 12 Regeln zur Gestaltung von Teams ab. Diese Regeln werden im Folgenden kurz zusammengefasst.

Teamentwicklung zur Unterstützung organisationalen Wandels

1. *Geben Sie dem Team eine motivierende Aufgabe* (siehe oben).
2. *Stellen Sie ausreichenden Druck und Anforderungen von außen sicher.* Die Forschung hat gezeigt, dass Teammitglieder zwar durchaus kreativ sind, wenn sie keinerlei Druck verspüren, dass aber kreative Ideen nur umgesetzt und Innovationen nur implementiert werden, wenn auch die Notwendigkeit dazu wahrgenommen wird. Wissen die Teammitglieder, dass es durch Wettbewerb und Kostendruck notwendig ist, etwas zu verändern, sind sie auch eher dazu bereit, sich an Innovationen zu beteiligen (vgl. West, 2001).
3. *Wählen Sie innovative Teammitglieder aus.* Bei der Auswahl von Teammitgliedern sollte nicht nur auf fachliche Qualifikationen und auf Teamfähigkeit geachtet werden, sondern auch darauf, dass die einzelnen Mitglieder fähig und motiviert zu Innovationen sind. Eine große Toleranz gegenüber Unsicherheit, Aufgeschlossenheit gegenüber Neuem und Vertrauen in die eigenen Fähigkeiten sind wichtige Persönlichkeitseigenschaften, die ein Teammitglied mitbringen sollte.
4. *Wählen Sie unterschiedliche Teammitglieder aus.* Je heterogener die Teammitglieder in Bezug auf ihre Fähigkeiten, ihre Erfahrungen und ihre Hintergründe (Ausbildung, Alter, Geschlecht usw.) sind, desto wahrscheinlicher ist es, dass innovative Ideen produziert und auch umgesetzt werden.
5. *Belohnen Sie Innovation.* Entwickeln Sie ein Anreiz- und Belohnungssystem, das Versuche zur Innovation belohnt. Wichtig ist hierbei nicht in erster Linie, dass die Innovationen immer zu positiven Ergebnissen führen und diese dann belohnt werden, sondern dass durch die Belohnung der Innovations*prozesse* ein Klima hergestellt wird, bei dem die Teammitglieder und Teams Risiken wagen und Neues ausprobieren können.
6. *Schaffen Sie ein Klima des Lernens und der Entwicklung.* Damit Teams innovativ sein können, müssen die Teammitglieder lernen können – von Kunden, Zulieferern, anderen Teams oder durch Weiterqualifizierungs- und Trainingsmaßnahmen. Ermutigen und belohnen Sie solche Lern- und Entwicklungsprozesse zum Beispiel durch den Austausch von Best-practice-Methoden, durch Besuche in anderen Organisationen, durch eine Ansprechperson für Weiterbildungsfragen usw.
7. *Schaffen Sie ein Klima für Innovation.* Schaffen Sie Anreize für und entfernen Sie Hindernisse gegen Innovation (Amabile, 1997). Ermuntern Sie Risiken, führen Sie ein Anreizsystem für Verbesserungsvorschläge ein (mit fairer und transparenter Bewertung und Belohnung eingereichter Vorschläge) und sorgen Sie dafür, dass neue Informationen allen zugänglich gemacht werden.
8. *Etablieren Sie eine Norm für Innovation.* Die Teams sollten wissen, dass Innovationen gewünscht sind – es sollte ungeschriebenes Gesetz sein, dass man eher Fehler bei der Einführung von Neuerungen machen darf, als dass man gar keine Neuerungen versucht.
9. *Ermutigen und fördern Sie Reflexivität.* Ermutigen Sie das Team, von Zeit zu Zeit eine Pause bei der Arbeit einzulegen, um die Prozesse und die

Ziele zu hinterfragen und zu diskutieren (siehe die Kapitel 2.5 und 3.5, in denen wir ausführlich auf Teamreflexivität eingehen).
10. *Schaffen Sie Klarheit über die Rolle der Teamleitung und stellen Sie sicher, dass die Teamleitung Innovation unterstützt.* Nachdem sich im Team die Rollen gebildet haben, muss jedem Teammitglied klar sein, wer die Teamleitungsfunktion innehat. Diese Teamleitung muss durch ihr Vorbild und Verhalten Innovationen ermutigen und bekräftigen (z. B. dadurch, dass sie Diskussionsprozesse anregt, dass sie Zeit für Reflexivität einräumt usw.).
11. *Bearbeiten Sie Meinungsverschiedenheiten konstruktiv und ermutigen Sie Minderheiten, ihre Meinung zu sagen.* In Kapitel 4.4.2 werden wir auf verschiedene Arten von Konflikten eingehen. Wichtig ist, dass Konflikte nicht immer negativ sein müssen, sondern durchaus konstruktiv zur Entwicklung und Implementierung von Innovation beitragen können. Wenn Minderheiten ihre Meinung sagen können und ihre Ideen einbringen dürfen, führt dies vielleicht zu langen und heftigen Diskussionen – oft aber mit einem kreativen und innovativen Ergebnis.
12. *Schauen Sie nicht nur auf die Beziehungen im eigenen Team, sondern bauen Sie Brücken zu anderen Teams.* Der Zusammenhalt innerhalb des Teams ist wichtig für die Identifikation der Teammitglieder mit dem Team – gleichzeitig müssen aber auch die Voraussetzungen für eine gute Zusammenarbeit über Teamgrenzen hinaus geschaffen werden. Machen Sie deutlich, dass die Teams nicht gegeneinander, sondern miteinander arbeiten müssen, um die übergeordneten Ziele der Organisation zu erreichen. Mathieu, Marks und Zaccaro (2001) haben in diesem Zusammenhang auf die Bedeutung von *Multiteam Systemen*, also Vernetzungen von Teams, hingewiesen und beschrieben, wie Organisationen diese Systeme von Teams managen können.

Hat man die in diesem Kapitel beschriebenen allgemeinen Grundsätze befolgt und Aufgaben kreiert, die für das Team und die einzelnen Teammitglieder motivierend sind, kann man mit der eigentlichen Teamentwicklung beginnen. Dabei geht es grundsätzlich darum, Konflikte zu lösen, Identität zu schaffen und Visionen zu entwickeln. Wir werden im nächsten Abschnitt einige konkrete Maßnahmen zur Teamentwicklung vorstellen.

4.2.2 Stufen und Regeln bei der Teamentwicklung

Wenn man von außen mit einer Teamentwicklung beauftragt wird, sollte man einige Regeln beachten (vgl. Thompson, 2004). Horn-Heine (2003) hat dazu einige Leitfragen entwickelt, die an dieser Stelle zusammengefasst werden sollen. Manche dieser Regeln und Leitfragen sind aber auch relevant, wenn man als organisationsinterner Personalentwickler oder Teamleiter eine Teamentwicklung durchführen möchte.

1. Der Erstkontakt

Wichtige Punkte beim ersten Kontakt in der Teamentwicklung

Der Erstkontakt findet häufig als telefonische Anfrage statt. Wichtig ist dabei, dass der potenzielle Teamentwickler wachsam ist, sich Notizen macht und sich Klarheit darüber verschafft, welche Rolle oder Funktion der Anrufer im Team hat. Das ist zum Beispiel wichtig, weil sich daraus ergibt, ob der Anrufer auch die Person ist, die letztlich den Auftrag zu einer Teamentwicklung geben kann. Wenn dies nicht der Fall ist und es sich zum Beispiel um ein Teammitglied handelt, gilt es, die Motivation des Anrufers herauszufinden – handelt es sich zum Beispiel um eine Einzelanfrage oder ruft die Person im Auftrag des gesamten Teams an? In jedem Fall sollte klar gemacht werden, dass man in der Folge ein Gespräch mit dem Teamleiter und einen offiziellen Auftrag erwartet, bevor man tätig wird. Ruft der Teamleiter selbst an, klärt man vielleicht einige wenige Fragen ab (z. B. Größe des Teams, ungefährer Termin für eine Entwicklungsmaßnahme) und vereinbart dann einen Gesprächstermin vor Ort.

2. Die Auftragsklärung

Die Vorbereitung und Klärung des Auftrags

a) Als Vorbereitung auf die Auftragsklärung sollte sich der Berater folgende Fragen stellen:
   – Über welche Vorinformation verfügt man bereits?
   – Welche Hypothesen gilt es daraufhin zu prüfen?
   – Wie beeinflussen diese Informationen und Hypothesen meine Einstellung zu Organisation und Team?
   – Fühle ich mich kompetent für diesen Auftrag?
   – Was ist mein konkretes Anliegen für das Gespräch, d. h. welche Informationen möchte ich bekommen und welche Entscheidungen sollen getroffen werden?

b) Im Kontakt mit dem Teamleiter sollten die folgenden Themenbereiche angesprochen werden:
   – Um wen und was genau geht es?
   – Wer gehört zum Team, wie ist das Umfeld usw.?
   – Wie lange besteht das Team, sind kürzlich Mitglieder hinzugekommen oder ausgeschieden?
   – Was ist der Anlass für die Teamentwicklung?
   – Wann genau soll die Maßnahme stattfinden?
   – Was ist das Ziel?
   – Welche Maßnahmen wurden bereits durchgeführt, welche Vorerfahrungen mit Teamentwicklung und Moderation gibt es?
   – Sind Widerstände und Konflikte zu erwarten?
   – Gibt es von der Organisation Unterstützung für die Maßnahme?

c) Kontakt mit den Teammitgliedern: Wenn das Gespräch mit der Teamleitung zur Auftragserteilung geführt hat und man vor der eigentlichen Teamentwicklung noch Informationen von den Teammitgliedern benötigt, gibt es verschiedene Möglichkeiten. Man kann mit einzelnen ausgewählten Teammitgliedern Gespräche führen, man kann – je nach Größe des Teams – mit allen Teammitgliedern kurze Gespräche führen, man kann als Beobachter an einer Teamsitzung teilnehmen oder man kann Fragebögen an alle Teammitglieder verschicken. Die letzte Möglichkeit ist am wenigsten zeitintensiv und man kann, wenn man zum Beispiel die Fragebögen im Anhang verwendet, die Ergebnisse während der Teamentwicklung rückmelden und in die Maßnahme integrieren.

3. Die Phasen der eigentlichen Teamentwicklung

a) Die Eröffnung sollte durch den Teamleiter erfolgen, der den Berater und die Ziele der Teamentwicklung kurz vorstellt.

b) Anschließend stellt sich der Berater selbst vor und übernimmt ab diesem Zeitpunkt die Leitung.

c) Vorstellungsrunde: Auch wenn sich die Teammitglieder schon kennen, ist es für den Berater wichtig, die Teilnehmer mit Namen zu kennen und etwas über ihre Funktionen im Team zu erfahren.

d) Allparteilichkeit: Der Berater muss zu Beginn deutlich machen, dass er die Maßnahme für das ganze Team durchführt und nicht nur für die Teamleitung. Er sollte über sein Hintergrundwissen berichten und dem Team mitteilen, wo er die meisten Chancen sieht, aber auch, wo er Herausforderungen antizipiert. Er sollte das Ziel der Teamentwicklung aus seiner Sicht darstellen und dann die Teilnehmer bitten, ihre eigenen Wünsche und Erwartungen zu äußern. Dies kann kombiniert werden mit der Vorstellungsrunde, man sollte aber diesem Punkt tatsächlich breiten Raum geben und den Teilnehmern vermitteln, dass es wirklich auf ihre Wünsche und auch ihre Mitarbeit ankommt.

e) Gruppenregeln: Es ist meist hilfreich, vorab einige Regeln zu klären, z. B. dass alle während der Maßnahme ausgetauschten Informationen vertraulich behandelt werden, dass die Zeiten eingehalten werden, dass man einander ausreden lässt usw.

f) Ziel und Vorgehensweise: Das Ziel sollte noch einmal klar gemacht werden und dann der Ablauf der Maßnahme dargestellt werden, also das genaue Programm inklusive der Pausen.

g) Durchführung der eigentlichen Maßnahme: Hier kommt es natürlich auf die Inhalte, Dauer usw. der Maßnahme an. Geht es zum Beispiel um einen Strategieworkshop, wird man das Ziel noch einmal wiederholen (Strategie für die nächsten drei Jahre entwickeln und Ansätze für die Implementierung finden), wird dann mögliche Strategien sondieren (zum Beispiel durch Brainstorming) und dann durch verschiedene Formen der Einzel- und Gruppenarbeit eine Strategie auswählen, mit der alle Teammitglieder einverstanden sind. In der nächsten Phase werden dann Hinderungsgründe für die Einführung dieser Strategie und darauf aufbauend Lösungen und Ansätze zur Implementierung diskutiert. Schließlich

Die Phasen der Teamentwicklungsmaßnahme

werden Verantwortliche benannt, die die nächsten Schritte gehen (Kommunikation der Strategie zu anderen Teams und dem Management, Planung von Budget und Ressourcen etc.). Im nächsten Abschnitt werden wir einige konkrete Maßnahmen detaillierter darstellen.

h) Abschluss: Am Ende sollte eine Abschlussrunde durchgeführt werden. Wozu war die Teamentwicklung gut? Was hat sie uns gebracht? Was war besonders gut, was war nicht so gut? Wie kann es weitergehen?

4. Die Nachbereitung

Nicht zu vergessen: Die Nachbereitung

Einige Tage nach der Teamentwicklung sollte man noch einmal mit dem Teamleiter Kontakt aufnehmen, schildern, wie man selbst die Maßnahme wahrgenommen hat und um eine Einschätzung des Teamleiters bitten. Für sich selbst sollte man sich Notizen darüber anfertigen, was gut geklappt hat und was man beim nächsten Mal anders machen würde. Auch Rückmeldung von den Teammitgliedern, zum Beispiel in Form einer Befragung mit einem kurzen Fragebogen, kann dem Teamentwickler helfen, sich persönlich weiterzuentwickeln und seine Methoden zu optimieren.

4.3 Spezielle Verfahren

In diesem Kapitel werden wir verschiedene Übungen vorstellen bzw. Methoden beschreiben. Wir beginnen in den ersten beiden Übungen mit Methoden, die helfen, Leitlinien, Visionen (Abschnitt 4.3.1) und eine Teamidentität (Abschnitt 4.3.2) zu entwickeln. Diese helfen dem Team und seinen Mitgliedern bei der Richtungsbestimmung und der übergeordneten Frage des „Wer sind wir?" und „Was können und wollen wir?". Im Anschluss daran werden wir anhand einfacher Methoden beschreiben, wie man aus diesen Visionen konkrete Ziele ableitet (Abschnitt 4.3.3), wie die einzelnen Teammitglieder ihre Rollen bei der Zielerreichung finden (Abschnitt 4.3.4) und wie die einzelnen Mitglieder durch die Teamarbeit in ihrer persönlichen Entwicklung unterstützt werden (Abschnitt 4.3.5). Die übrigen Abschnitte beschäftigen sich mit dem Gestalten von Teammeetings (Abschnitt 4.3.6), konkreten Methoden zur Veränderungsanalyse (Abschnitt 4.3.7), dem Umgang mit schwierigen Teammitgliedern (Abschnitt 4.3.8), der Stufenleitertechnik zur verbesserten Entscheidungsfindung (Abschnitt 4.3.9), einer Technik für die Einbindung von Minderheiten (Abschnitt 4.3.10) und einer Übung zum Diversitätsmanagement (Abschnitt 4.3.11).

4.3.1 Visionen und Leitbilder

Die Zukunftskonferenz für die Entwicklung einer Vision

Für den Kontext von Unternehmensfusionen haben wir an anderer Stelle beschrieben, wie man mithilfe der Methode der Zukunftskonferenz die beiden Unternehmenskulturen und unterschiedlichen Sichtweisen der Fusionspartner zu einer gemeinsamen Vision integrieren kann (van Dick, 2004a). Unsere Erfahrungen mit dieser Methode haben gezeigt, dass Zukunftskonferenzen auch für die Entwicklung von Visionen und Leitbildern für einzelne Teams hilfreich sein können. Eine Zukunftskonferenz würde damit beginnen, ein Leitbild zu entwickeln, indem die Teilnehmer sowohl in Einzelarbeit als auch im gesamten Team Ideen dazu entwickeln, wo das Team zum Beispiel in fünf bis zehn Jahren stehen könnte, wie es dann aussieht, was seine besonderen Merkmale sind usw. Dieses Leitbild wird dann weiter bearbeitet. Durch verschiedene Moderationsmethoden wird vertieft, wo einzelne Teammitglieder bzw. Teilgruppen des Teams in ihren Vorstellungen übereinstimmen und wo sie voneinander abweichen. Am Ende steht eine Vision, die von allen geteilt wird. Die Zukunftskonferenz sollte mit einer Liste konkreter Projekte oder Arbeitsaufträge abschließen. Es wird dann jeweils eine Person benannt, die sich für eine der Aufgaben verantwortlich erklärt. Auf einem Flipchart wird notiert, welches Teammitglied wofür verantwortlich ist und welche anderen Teammitglieder dabei jeweils unterstützen; auch sollte möglichst ein konkreter Zeitpunkt für ein erstes Treffen der an der jeweiligen Aufgabe beteiligten Personen festgehalten werden. Wichtig ist, dass alle Teammitglieder und gegebenenfalls auch wichtige weitere Personen aus der Organisation, Mitglieder aus anderen Teams, Kunden usw. teilnehmen und jedes Mitglied durch die besondere Methode Gelegenheit bekommt, sich und seine Sichtweisen einzubringen. Zu empfehlen ist weiterhin, dass die Moderation der Zukunftskonferenz möglichst nicht von einem Mitglied des Teams, sondern von einer neutralen Person innerhalb oder außerhalb der Organisation durchgeführt wird. Diese Person sollte Erfahrungen mit Moderationstechniken haben und besonders darauf achten, dass jeder zum Zuge kommt. Im nachfolgenden Kasten ist der Ablauf einer eintägigen Zukunftskonferenz beispielhaft dargestellt. Selbstverständlich ist diese Methode auch geeignet, mehrere Teams einer Organisation zusammenzubringen und Visionen für die gemeinsame Arbeit zu entwickeln.

Ablaufschema einer Zukunftskonferenz
(vgl. van Dick, 2004a)

Vormittag

a) Einführung, Übersicht, Vorstellungsrunde
b) Geschichte der Teammitglieder und des Teams als Ausgangsbasis: Welche Erfahrungen bringt jedes Teammitglied mit, welche spezifischen Kenntnisse und Stärken kann der Einzelne in das Team einbringen?
c) Entwickeln eines Leitbildes: Wo steht das Team im Jahre 2025? Leitfragen können sein: Wie sieht das Team aus, wie sind die Beziehungen zur Organisation, zu anderen Teams, zu den Kunden usw. Was sind die besonderen Eigenschaften des Teams – wofür ist es bekannt? Wie gehen wir miteinander, mit unseren Kunden und mit anderen Teams um?

Dieser Punkt sollte relativ viel Raum bekommen. Zunächst sollte jedes Teammitglied sich einzeln Gedanken darüber machen, wie es das Team im Jahre 2025 sieht. Dann sollten die einzelnen Sichtweisen in Kleingruppen zusammengetragen werden. Je nach Größe des Teams können dies bis zu vier Kleingruppen mit jeweils zwei bis fünf Personen sein. Insgesamt sollte auf diese Art und Weise in ein bis zwei Stunden anhand der Fragen ein Leitbild entwickelt werden. Jede Gruppe soll sich dann möglichst kreative Wege der Präsentation ihres Leitbildes überlegen.

d) Präsentation. Jede Gruppe stellt ihr Leitbild vor. Dies kann zum Beispiel durch Bilder und Zeichnungen, Rollenspiele, in Form einer Pressemitteilung usw. geschehen. Unsere Erfahrungen haben gezeigt, dass es in dieser Phase sehr darauf ankommt, wie kreativ die Teilnehmer sind. Je interessanter und mitreißender die Leitbilder präsentiert werden, umso besser gestaltet sich die Weiterarbeit. Wichtig ist, dass in dieser Phase noch keine Kritik geübt wird („Das klappt sowieso nicht", „Das haben wir schon einmal versucht", „Das ist zu teuer"), sondern die Leitbilder unter Annahme idealer Bedingungen in kreativer, innovativer Atmosphäre entwickelt werden können.

e) Integration der verschiedenen Leitbilder in eine gemeinsame Vision.

Mittagspause

Nachmittag

a) Synergien, Hindernisse, Schwierigkeiten und Lösungen: In dieser Phase könnte wieder in getrennten Gruppen gearbeitet werden, also Mitglieder mit unterschiedlichen Rollen oder Funktionen im Team oder bereits „alte" Mitglieder des Teams und neue Mitglieder jeweils unter sich. Es soll hier darum gehen, Ansatzpunkte zur Umsetzung des Leitbildes zu finden; dabei sollen Hindernisse und Schwierigkeiten diskutiert werden, aber auch versucht werden, Lösungen für die Probleme zu finden.

b) Präsentation: Die Ergebnisse werden dann in der gesamten Gruppe mit allen Teilnehmern gemeinsam diskutiert.

c) Umsetzung: Hier sollten auf Grundlage der Diskussion konkrete Projekte herausgearbeitet werden, mit denen man schnell Erfolge erzielen, aber auch mittel- und langfristig zu beseitigende Hindernisse angehen kann. Je nach Größe des Teams sollten nicht zu wenige, aber auch nicht zu viele Projekte benannt werden – ideal scheinen für ein Team mit 10 bis 15 Mitgliedern etwa drei Projekte zu sein. Wenn es sehr viel mehr Vorschläge gibt, kann in einer Zwischenphase darüber abgestimmt werden, welche Projekte unmittelbar bearbeitet werden und welche zunächst zurückgestellt werden. Diese Projekte sollten auf Flipcharts im Raum präsentiert werden und die Teilnehmer sollen sich bei den Projekten eintragen, an denen sie mitarbeiten wollen. Die Teammitglieder, die sich den einzelnen Projekten zugeordnet haben, treffen sich dann kurz, um einen Verantwortlichen zu benennen, einen ersten groben Zeitplan abzustimmen und einen konkreten Termin für das nächste Treffen zu vereinbaren.

d) Abschluss: In einer kurzen Abschlussrunde sollten vor allem die positiven Aspekte und Erfolge des Workshops benannt werden. Konstruktive Kritik kann aber auch dazu beitragen, dass weitere Workshops (noch) besser geplant und durchgeführt werden können.

4.3.2 Entwicklung der Teamidentität

Wie in Kapitel 2.3 bereits angesprochen, haben die Identifikation der Teammitglieder mit ihrem Team und die Kohäsion in der Gruppe positive Auswirkungen auf die Arbeitsleistung und das Wohlbefinden der Teammitglieder. Eine starke positive Identität des Teams wird sich dabei positiv auf die Identifikation auswirken (vgl. van Dick, 2004a). Krüger (2009) beschreibt, woraus die Teamidentität besteht und wie eine starke Teamidentität aufgebaut und gefördert werden kann. In Abbildung 11 sind die Komponenten der Teamidentität nach Krüger dargestellt. Danach stellt die eigentliche Identität die Spitze einer Pyramide dar, die gebildet wird aus den Werten, den Fähigkeiten und Fertigkeiten der Teammitglieder sowie den Rahmenbedingungen und dem Umfeld. Eine klare Identität hilft aber nicht nur den Teammitgliedern bei der Identifikation (vgl. Dutton, Dukerich & Harquail,

Identifikation und Identität

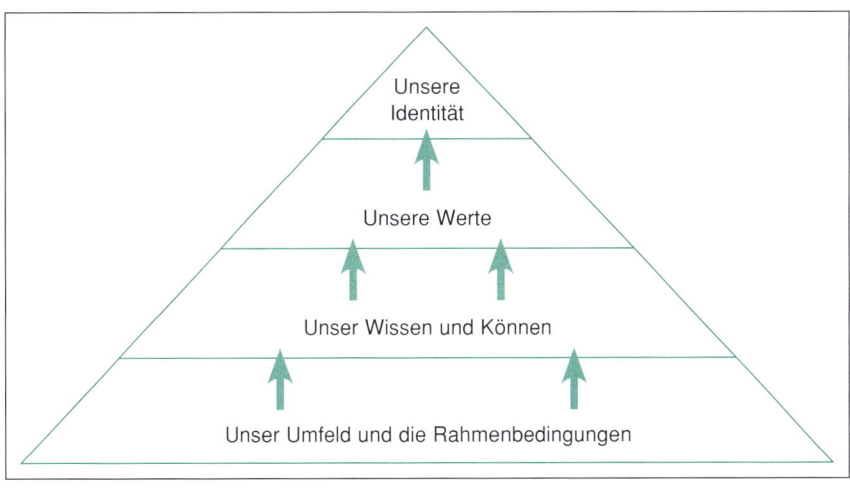

Abbildung 11:
Die Pyramide der Teamidentität (nach Krüger, 2009)

1994), sie macht die Teams auch weniger austauschbar und stärkt sie daher im Wettbewerb mit anderen Teams (Krüger, 2009).

Krüger (2009) schlägt ein fünfstufiges Vorgehen zur Stärkung der Teamidentität vor, dessen einzelne Schritte im Folgenden kurz wiedergegeben werden. Man kann diese Schritte als teaminternen Workshop, zum Beispiel an einem Nachmittag durchführen, moderiert durch den Teamleiter.

Vorgehen zur Stärkung der Teamidentität	
Phase 1	
Unser Umfeld	In der ersten Phase schreibt jedes Teammitglied auf, wie es das *Umfeld und die Rahmenbedingungen* sieht. Wer hat Einfluss auf das Team? Wer sind unsere Kunden/Auftraggeber und wie stark hängen wir von diesen ab? Bekommen wir von unserer Organisation die nötigen Informationen und die notwendige Unterstützung? Wie arbeiten wir mit anderen Teams zusammen? Diese und ähnliche Fragen können als Leitfragen dienen, den Teammitgliedern wird etwa 20 Minuten Zeit für diese Aufgabe gegeben. Dann werden in einer Diskussion mit dem gesamten Team die wichtigsten Aspekte, in denen die Teammitglieder übereinstimmen, herausgearbeitet und auf ein Plakat geschrieben.
Phase 2	
Unser Verhalten	In der zweiten Phase sollen die Teammitglieder – wiederum zunächst einzeln, dann in der Gruppe – zusammentragen, wie die Rahmenbedingungen sich auf das konkrete *Verhalten der Teammitglieder* untereinander und gegenüber Kunden/Auftraggebern und anderen Personen in der Organisation auswirken. Dabei soll jedes Teammitglied in einer Tabelle aufschreiben, welche Verhaltensmuster es aktuell gibt (Ist-Zustand) und wie man es persönlich gerne hätte (Soll-Zustand). In gemeinsamen Diskussionen werden die Diskrepanzen dann bearbeitet und Verhaltensregeln für die Zukunft aufgestellt (z. B. „Wir sind Kunden gegenüber freundlich und reagieren auf Beschwerden innerhalb von 24 Stunden"; „Wenn jemand eine wichtige Information bekommt, wird diese über den E-Mail-Verteiler an alle anderen Teammitglieder zur Kenntnis gegeben" oder Ähnliches). Diese Verhaltensregeln werden auf einem Plakat zusammengefasst.
Phase 3	
Unser Wissen und Können	Auch in der nächsten Phase werden der Ist- und der Soll-Zustand miteinander verglichen. Nun geht es um das *Wissen und Können* und insbesondere um die Stärken der Teammitglieder – diese sind es, die das Team von anderen unterscheidbar machen. Wichtig ist hier wieder, dass aus den Diskrepanzen zwischen Ist und Soll möglichst konkrete Handlungsanleitungen abgeleitet werden („Uns fehlt ein Computerexperte, daher kümmert sich

Mitarbeiter X um mögliche Fortbildungen und gibt die Informationen im nächsten Meeting an alle weiter – mindestens zwei Teammitglieder sollten sich dann in diesem Bereich weiterqualifizieren"; „Unser Team hat Defizite in der Kommunikation nach außen – Mitarbeiter Y kümmert sich um einen Experten aus der Marketingabteilung, der zum nächsten Meeting eingeladen wird und uns Tipps gibt" oder Ähnliches). Die bereits ermittelten Stärken werden auf ein Plakat geschrieben.

Phase 4

Im nächsten Schritt geht es darum herauszufinden, welche *Einstellungen und Werte* von den Teammitgliedern geteilt werden und damit kennzeichnend für die Überzeugungen des ganzen Teams sind. Es geht hier auch, aber nicht vorrangig, um Werte im ethisch-moralischen Sinn, sondern eher um Werte, die sich auch im Alltag leben lassen („Wir versuchen, umweltverträglich zu produzieren", „Wir halten unsere Versprechen gegenüber Kunden", Wir sind für unsere Zulieferer verlässliche Partner", „Wir gehen im Team fair miteinander um" oder Ähnliches). Die Einstellungen und Werte, die von der Mehrheit der Teammitglieder geteilt werden, werden auf ein Plakat geschrieben. Ergänzen lässt sich hier noch, dass es auch sinnvoll sein kann, nicht nur Werte, für die man steht und die man erreichen will, zu definieren, sondern auch Un-Werte, für die man nicht steht und die man vermeiden will (z. B. „Wir stellen keine minderwertigen Produkte her", „Wir wollen jeden Schaden für die Umwelt vermeiden"). In unserer aktuellen Forschung konnten wir zeigen, dass diese Un-Werte nicht einfach nur das Gegenteil von Werten darstellen und dass sie zusätzlich zu den Werten unsere Einstellungen und Verhaltensweisen beeinflussen können (Graf, van Quaquebeke & van Dick, 2011; van Quaquebeke, Kerschreiter, Buxton & van Dick, 2010).

Unsere Werte

Phase 5

Am Ende wird in der letzten Phase aus den in den ersten vier Schritten erstellten Plakaten die Teamidentität herausgearbeitet. Was kennzeichnet uns und unser Team in Bezug auf unser Verhalten? Was ist uns besonders wichtig an unseren Werten? Welches Wissen ist in unserem Team einzigartig, welche Fähigkeiten besitzen wir, die andere Teams so nicht haben?

Was zeichnet uns aus?

4.3.3 Entwicklung und Umsetzung konkreter Ziele

Die ersten beiden Übungen, Zukunftskonferenz und Identitätsworkshop, dienen eher der langfristigen Orientierung und der Entwicklung einer übergeordneten Vision für das Team. Von dieser Vision ausgehend ist es nun wichtig, konkrete Ziele zu vereinbaren, die dann später in konkretes Handeln

Überleitung der Vision in konkrete Ziele

umgesetzt werden. Man kann die Vision mit dem Stamm eines Baumes vergleichen, die Ziele mit den starken Ästen und die konkreten Handlungspläne mit den Zweigen (West, 2004). Folgende Schritte sind sinnvoll zur Entwicklung und Umsetzung konkreter Ziele, die im Rahmen einer ca. 2-stündigen Teamsitzung durchgeführt werden können.

1. Wenn die Vision entwickelt ist und darüber Einigkeit besteht, zerlegt man sie in ihre Komponenten und formuliert für jede Komponente ein bis zwei Ziele. Dies kann zum Beispiel vor der Sitzung vom Teamleiter zusammen mit ein oder zwei weiteren Teammitgliedern vorbereitet werden. Die Ziele können z. B. auf einem Flipchart mit den Komponenten der Vision, zu der sie gehören, dargestellt werden. Im Team wird dann über die Ziele diskutiert, d. h. sie können umformuliert werden, es können Ziele ergänzt oder gestrichen werden. Am Ende sollten auf einem Flipchart ca. vier bis fünf Ziele stehen.
2. Diskutieren Sie für jedes Ziel, wie man es messbar machen kann. Wenn eines der Ziele zum Beispiel ist, guten Kundenservice anzubieten, könnte man Kunden nach der Dienstleistung auf einer fünfstufigen Skala nach ihrer Zufriedenheit fragen (von 1 = „gar nicht zufrieden" bis 5 = „vollkommen zufrieden"). Man könnte dann als Ziel vereinbaren, dass die durchschnittliche Kundenzufriedenheit bei 4 liegen sollte und allen Kunden, die weniger als 3 ankreuzen, eine Nachbesserung anbieten.
3. Formulieren Sie für jedes Ziel auch Budget- und Zeitpläne, d. h. bis wann soll die Kundenzufriedenheitsbefragung umgesetzt sein, was benötigt man dazu etc. Formulieren Sie diese Pläne jeweils so, dass sie realistisch und auch mittelfristig erreichbar sind, aber gleichzeitig so, dass sie als Herausforderung erlebt werden und dadurch die Teammitglieder motivieren.
4. Zusätzlich zu aufgabenbezogenen Zielen sollten Sie mit Ihrem Team Ziele zur Teamarbeit vereinbaren. Zum Beispiel könnten interne Zufriedenheitsziele vereinbart werden, oder man könnte sich zum Ziel setzen, mit anderen Teams mehr und besser zusammenzuarbeiten (vor allem mit Teams, mit denen man immer wieder Schwierigkeiten hat). Auch hier sollten wieder messbare Ziele vereinbart werden, die realistisch und motivierend sind.

4.3.4 Klärung der Rollen für die einzelnen Teammitglieder

Beiträge der einzelnen Teammitglieder zur Erreichung der Ziele

In den vorangegangenen Übungen sind die Visionen definiert und daraus konkretere Ziele abgeleitet worden. Die nun folgende Methode soll jedem einzelnen Teammitglied dabei helfen, seine jeweilige Rolle bei der Erreichung der Ziele zu finden. Diese Übung kann vom Teamleiter möglichst zu Beginn eines neu gebildeten Teams während einer etwa 2-stündigen Teamsitzung durchgeführt werden. Sie kann aber auch hilfreich für bestehende Teams sein, wenn sich entweder durch Mitgliederwechsel „Lücken" in den

Rollen und Funktionen ergeben haben, oder wenn sich durch organisationsinterne Umstrukturierungen für das Team völlig neue Aufgaben ergeben, die zu einer Änderung der Visionen und Ziele führen.
– Beginnen Sie damit, dass die einzelnen Ziele des Teams auf ein Flipchart geschrieben werden.
– Bitten Sie die Teammitglieder, für jedes Ziel die konkreten Aufgaben und Teilaufgaben zu definieren. Durch Diskussionen und Umformulierungen sollten Sie am Ende dieser Phase eine Liste mit ganz konkreten Aufgaben haben, die Sie wieder auf einem Flipchart festhalten.
– Bitten Sie alle Teammitglieder, an das Flipchart zu kommen und die Aufgaben einzukreisen oder mit einem Symbol zu markieren, für die sie aufgrund ihrer Arbeitsplatzbeschreibung oder aufgrund früherer Vereinbarungen verantwortlich sind. Jedes Teammitglied benutzt dabei eine andere Farbe bzw. ein anderes Symbol.
– Betrachten Sie dann gemeinsam das Ergebnis und identifizieren Sie Probleme bzw. kritische Punkte, insbesondere:
  a) Wo gibt es Überschneidungen – wo fühlen sich mehrere Teammitglieder für die gleiche Aufgabe verantwortlich?
  b) Für welche Aufgaben gibt es niemanden, der verantwortlich ist?
– Versuchen Sie, in gegenseitigem Einvernehmen diese Probleme zu lösen. Am Ende sollte für jede Aufgabe *genau ein* Teammitglied verantwortlich sein.
– Halten Sie das Ergebnis fest und verteilen Sie nach dem Meeting eine Zusammenfassung an alle Teammitglieder. Dies kann am besten in grafischer Form (als Schaubild oder Tabelle) erfolgen, so dass für alle Teammitglieder sichtbar ist, wer wofür zuständig ist. Dies reduziert die Gefahr von Kompetenzüberschneidungen und stellt sicher, dass alle Aufgaben auch tatsächlich bearbeitet werden.

Haben alle Teammitglieder so ihre Rollen gefunden, sollte zunächst eine Zeit lang in normalem Rhythmus gearbeitet werden. Nach einiger Zeit sollte die Übung wiederholt werden, aber diesmal unter anderen Vorzeichen.
– Nun beginnen Sie die Übung damit, dass jedes Teammitglied seine eigenen Aufgaben auf ein Flipchart schreibt und diese nebeneinander gehängt werden.
– Dann schreibt jedes Teammitglied zunächst auf sein eigenes Flipchart, ob es seine Aufgaben beibehalten möchte, wo es Aufgaben abgeben will bzw. welche Aufgaben es gegebenenfalls zusätzlich übernehmen möchte. Ebenso schreibt jedes Teammitglied auf die Flipcharts anderer Teammitglieder, wo diese ihre Aufgaben reduzieren, beibehalten oder erweitern sollten – diese Kommentare werden namentlich gezeichnet.
– Nachdem sich die Gruppe durch Betrachten und Erläutern der Kommentare einen Überblick über mögliche Veränderungswünsche verschafft hat, werden Zweiergruppen aus Teammitgliedern gebildet, die sich gegenseitig entsprechende Kommentare gemacht haben. Dann wird in diesen

Zweiergruppen über die Aufgabenverteilung neu verhandelt und es werden, sobald Einigung erzielt wurde, wieder neue Zweiergruppen gebildet.
- Bestehende Diskrepanzen werden dann im gesamten Team besprochen und es werden Lösungen erarbeitet.

4.3.5 Individuelle Entwicklung

Teamarbeit als Mittel zur persönlichen Weiterentwicklung

Bislang haben wir uns mit Übungen zur Entwicklung von Visionen und Zielen für das Team befasst. In den Kapiteln 1.5 und 2.3 haben wir aber diskutiert, dass Teamarbeit für die einzelnen Teammitglieder Vorteile hat und dass ein wichtiges Erfolgskriterium für Teamwork die Zufriedenheit und das Wohlbefinden der Teammitglieder ist. Die hier vorgestellte Übung zielt daher darauf ab, den einzelnen Teammitgliedern die Vorteile der Teamarbeit für ihre persönliche Weiterentwicklung deutlich zu machen. Die Übung wurde von Felix Brodbeck und seinem Team an der Aston Business School entwickelt und steht im Zusammenhang mit seiner Forschung zum Teamklima für Lernen. In dieser – bislang unveröffentlichten – Studie hat Brodbeck zeigen können, dass in Teams, in denen ein positiv entwickeltes Klima für das Lernen vorhanden ist, die einzelnen Teammitglieder bessere individuelle Leistungen erbringen. Als eine wesentliche Komponente des Teamklimas für Lernen hat sich dabei die individuelle Entwicklung herausgestellt. Die Übung kann vom Teamleiter angeleitet werden oder von einem externen Berater. Sie dauert ca. 90 Minuten und besteht aus den folgenden Schritten.

Übung: Individuelle Entwicklung
1. Ziele
Diese Übung soll Teammitgliedern zeigen, wie das Team ihnen bei ihrer persönlichen Weiterentwicklung helfen kann. Im Team werden hinderliche und förderliche Faktoren diskutiert und schließlich sollen gemeinsam Möglichkeiten zur Verbesserung des Teamklimas erarbeitet werden.
2. Einleitung
Leiten Sie die Übung ein mit einem Hinweis auf Forschungsergebnisse, die gezeigt haben, dass ein positives Teamklima für individuelle Entwicklung hilfreich für individuelle Lernprozesse sein kann. Definieren Sie dann das Klima für individuelle Entwicklung: „Eine Gruppe hat ein positives Klima für individuelle Entwicklung, wenn die Teammitglieder sich gegenseitig zu guten Leistungen anspornen, sich gegenseitig kritische, aber konstruktive Rückmeldung über die Qualität der Arbeit geben und sich gegenseitig praktisch und mit guten Ideen unterstützen."

3. Prinzipien

Teams eröffnen ihren Mitgliedern zusätzliche Lernchancen durch die folgenden drei Prinzipien. Präsentieren Sie zunächst die Prinzipien auf Flipchart oder PowerPoint-Folie und erläutern Sie sie anhand der Informationen in den eckigen Klammern.

a) *Eine Gruppe besitzt mehr Informationen als jedes einzelne seiner Mitglieder.* [Durch einen offenen Austausch aller aufgabenbezogenen Informationen der einzelnen Teammitglieder erhält jedes einzelne Teammitglied Zugriff auf sehr unterschiedliche Informationen. Die Summe all dieser Informationen ist sehr viel größer und vor allem ist sie schneller zu erwerben, als dies für ein Teammitglied alleine möglich wäre. Stellen Sie sich vor, die Gruppe soll eine Präsentation vorbereiten. Dazu müssen Informationen gesammelt werden – wenn vier verschiedene Teammitglieder Informationen in unterschiedlichen Medien recherchieren (Zeitung, Fernsehen, Internet, Bücher), ergibt sich eine deutlich größere Vielfalt an Informationen als wenn ein Teammitglied alleine diese Information beschaffen müsste.]

b) *Eine Gruppe dient als Fehlerwarnsystem.* [Wenn in einem bestimmten Bereich Lernen stattfindet, kann man sich als Einzelner nie ganz sicher sein, ob man auch das Richtige lernt, ob man genug gelernt hat usw. Tauscht man sich aber in der Gruppe aus, erhält man diese Informationen durch die anderen Teammitglieder. Bei dem Beispiel der Präsentation kann sich ein Teammitglied alleine nie sicher sein, ob die Präsentation ihren Zweck erfüllt. Arbeitet man aber im Team daran, machen sich die Teammitglieder gegenseitig auf unvollständige (oder überflüssige) Informationen aufmerksam.]

c) *Eine Gruppe ist mehr als die Summe ihrer Teile.* [Die Integration verschiedener Standpunkte und Sichtweisen geht über die reine Aufsummierung der ausgetauschten Informationen hinaus. Dadurch, dass die verschiedenen Mitglieder teilweise unterschiedliche Herangehensweisen an Probleme haben, bekommt man im Team ein tieferes Verständnis der Dinge, die sich das Team erarbeitet.]

4. Brainstorming

In dieser Phase soll das Team auf Grundlage der drei Prinzipien erarbeiten, was notwendig ist, damit die einzelnen Mitglieder optimal von der Teamarbeit profitieren.

Zunächst soll sich jedes Teammitglied *einzeln* in etwa 5 Minuten:
a) mindestens drei konkrete Praktiken der Gruppe oder Verhaltensweisen einzelner Teammitglieder überlegen, die dem Team *helfen*, die drei Prinzipien optimal auszunutzen.

b) mindestens drei konkrete Praktiken der Gruppe oder Verhaltensweisen einzelner Teammitglieder überlegen, die es dem Team *schwer machen*, die drei Prinzipien optimal auszunutzen.

Die Gruppenmitglieder können dabei an Verhaltensweisen oder individuelle Eigenschaften einzelner Mitglieder denken, aber auch an Praktiken der ganzen Gruppe, zum Beispiel wann und wie man sich trifft, wie Führung in der Gruppe organisiert ist usw.

5. Diskussion

Im nächsten Schritt wird dann in der ganzen Gruppe etwa 20 Minuten lang über die gefundenen förderlichen und hinderlichen Faktoren diskutiert. Der Berater oder Teamleiter sollte dabei darauf achten, dass jeder zu Wort kommt, dass nicht nur über förderliche oder nur über hinderliche Faktoren, sondern über beide Aspekte gleichermaßen gesprochen wird; er sollte die Diskussion immer wieder auf die drei Prinzipien lenken und von Zeit zu Zeit das Gesagte auf Flipcharts zusammenfassen.

6. Vereinbaren von Handlungszielen

Auf dem Flipchart steht am Ende eine Reihe von hinderlichen und förderlichen Faktoren. Geben Sie jedem Gruppenmitglied zwei Klebepunkte und lassen Sie die Faktoren bewerten, indem jedes Mitglied seine zwei Punkte auf das Flipchart zu den Faktoren klebt, die es persönlich am wichtigsten und gleichzeitig praktikabel und realistisch findet. Die drei bis vier Faktoren mit den meisten Punkten werden dann noch einmal diskutiert, eventuell noch einmal umformuliert und auf ein neues Flipchart geschrieben. Dieses Flipchart sollte dann nach der Übung dort aufgehängt werden, wo das Team am häufigsten arbeitet bzw. seine regelmäßigen Meetings abhält und es sollte im Sinne von Do's und Don'ts handlungsweisend für künftige Teambesprechungen und die Projektarbeit sein.

4.3.6 Gestalten von Teammeetings und Tagesordnungen

Zu viele, zu schlecht vorbereitete Meetings

Eines der häufigsten Probleme bei der Teamarbeit besteht in zu vielen und oft schlecht gemanagten Teammeetings. Wer hat nicht schon einmal erlebt, dass man sich nach einem Meeting fragt, was das Ganze überhaupt gebracht hat oder dass man sich zwei Stunden an einem weniger wichtigen Problem die Köpfe heiß geredet hat, um dann festzustellen, dass nicht mehr genügend Zeit zur Besprechung der wirklich wichtigen Dinge bleibt. Die folgenden Hinweise sollen helfen, Teamsitzungen besser vorzubereiten und vor allem dabei, Tagesordnungen effektiver zu gestalten (vgl. Thompson, 2004). Manche der Tipps hören sich vielleicht allzu selbstverständlich und trivial an – in der Hektik des Alltags gehen aber oft gerade die Kleinigkeiten unter, die letztlich zu einem guten Meeting dazugehören.

Die folgenden Hinweise zur *Gestaltung und Leitung* von Meetings richten sich an den Teamleiter:
- Stellen Sie für jedes Meeting eine klare Tagesordnung zusammen (siehe die Hinweise weiter unten).
- Legen Sie Zeiten für den Beginn und das Ende fest. Etablieren Sie eine Kultur der Pünktlichkeit – am Anfang des Meetings auf Zu-spät-Kommende warten zu müssen, ist schädlich für die Sach- und Beziehungsebene.
- Sorgen Sie dafür, dass das Meeting in angenehmer Atmosphäre stattfindet: Der Raum sollte die richtige Größe haben, die Stühle müssen bequem sein, Material wie Flipchart oder Whiteboard sowie Getränke sollten vorhanden sein.
- Leiten Sie das Meeting selbst oder geben Sie die Leitungsrolle an ein Teammitglied, das darin besonders gute Fähigkeiten hat. Rotierender Vorsitz hat sich nicht bewährt.
- Halten Sie sich während des Meetings streng an die Tagesordnung.
- Ermutigen Sie alle Teammitglieder, ihre Meinungen und Ideen beizusteuern. Erstens führt dies dazu, dass der Ideenpool größer wird und man mehr Möglichkeiten bei der Entscheidungsfindung hat, zweitens fühlen sich Mitarbeiter an Entscheidungen mehr gebunden, zu denen sie selbst beigetragen haben. Stellen Sie sicher, dass sich jeder beteiligt, indem Sie verschiedene Methoden benutzen, also zum Beispiel die Gruppe in Zweierpaare oder Kleingruppen aufteilen, wenn Lösungen entwickelt werden sollen.
- Wenn alle ihre Meinungen geäußert haben, kommen Sie zu einer Entscheidung. Wenn es nicht absolut notwendig ist, vermeiden Sie es, Entscheidungen auf kommende Meetings zu verschieben oder Untergruppen zu bilden, die sich noch einmal mit dem Thema beschäftigen und dann eine Entscheidung finden sollen.
- Stellen Sie eine positive Atmosphäre sicher, indem Sie kreative Ideen betonen (und nicht die weniger guten), bedanken Sie sich bei den Teammitgliedern für gute Beiträge, unterbrechen Sie für eine Kaffeepause, wenn die Diskussion zu emotional wird.
- Reflektieren Sie über die Meetings. Oft werden einmal vereinbarte Formen („Wir treffen uns alle 14 Tage für einen ganzen Nachmittag") unnötig lange beibehalten, auch wenn sie nicht mehr adäquat sind („Es wäre unseren neuen Aufgaben eigentlich angemessener, uns häufiger, aber kürzer zu treffen").

Die folgenden Hinweise sollen dabei helfen, *Tagesordnungen* besser zu gestalten:
- Beginnen Sie die Tagesordnung mit dem Namen des Teams und der Art des Meetings (also Arbeitsgruppe „EDV" – wöchentliche Teamsitzung), gefolgt von Start und Endzeit, Ort der Sitzung und den Namen der Gruppenmitglieder. Dies stellt sicher, dass alle wissen, dass sie zu dem Meeting

Tipps für die Gestaltung von Tagesordnungen

erwartet werden, wann und wo sie zu erscheinen haben und wie viel Zeit sie einplanen müssen.
– Fassen Sie die wichtigsten Ziele des Treffens in ein oder zwei Sätzen zusammen und führen Sie die gewünschten Ergebnisse auf. (Also z. B. „Besprechung der Vorschläge zur Einführung eines neuen Teamlogos mit dem Ziel eine Alternative auszuwählen und die weiteren Schritte für die Beschaffung und Implementierung zu diskutieren.")
– Präsentieren Sie dann die Liste der zu besprechenden Themen mit den jeweiligen Aktivitäten und Verantwortlichen. (Also z. B. „Präsentation der drei Alternativen durch Frau X – Diskussion und Entscheidung durch das ganze Team – Vorschläge zur Beschaffung durch Herrn X" usw.)
– Benennen Sie für jedes Thema ungefähre Start- und Endzeiten. Auch wenn diese durchaus etwas flexibler gehandhabt werden können als die Anfangs- und Endzeiten für das gesamte Meeting, geben die Zeiten eine Orientierung und helfen dabei, nicht vom Thema abzukommen oder „auf einmal" keine Zeit mehr für die letzten drei Themen zu haben.
– Verteilen Sie die Tagesordnung über zuverlässige Kanäle (über die z. B. auch Personen erreicht werden, die an diesem Tag nicht im Büro sind; richten Sie z. B. E-Mail-Verteiler ein für alle Teammitglieder, je nach Situation eventuell getrennt für interne und externe usw.) mindestens einen Tag vor dem Meeting.

Nachbereitung: Protokolle und Kontrolle der Zielerreichung

Zu erwähnen ist außerdem, dass jede Sitzung nachbereitet werden sollte. Werden zum Beispiel Protokolle angefertigt, sollten diese zeitnah an alle Teilnehmer (und an die Teammitglieder, die bei der Sitzung nicht anwesend sein konnten!) verschickt werden, so dass jeder sie auf Richtigkeit überprüfen kann. Werden Ziele vereinbart und Aufgaben verteilt, muss die Zielerreichung kontrolliert werden usw.

Teammeetings im Stehen

Eine letzte, sehr kleine Maßnahme, um Teammeetings effizienter zu machen ist, sie im Stehen abzuhalten. Dies hat sich in wissenschaftlichen Studien als wirkungsvoll erwiesen und kann – bei gleicher Effektivität – ein Drittel der üblichen Zeit einsparen (Bluedorn, Turban & Love, 1999). Der Erstautor praktiziert diese einfache Technik gemeinsam mit seinem Team seit mehr als fünf Jahren. Die Sitzungen sind kürzer und dennoch kann alles Wesentliche besprochen werden – man macht es sich nicht „gemütlich" und jeder will, dass alle Dinge kurz gefasst werden. Gleichzeitig kann es sich schnell zum Ritual entwickeln, das die Gruppe ausmacht und an dem alle gerne teilhaben.

4.3.7 Stakeholderanalyse

Stakeholder sind alle Interessensgruppen, die von einer bestimmten Veränderung im Team betroffen wären. Die Stakeholderanalyse ist eine einfache, aber wirkungsvolle Technik, um ein bestimmtes Thema möglichst vollständig zu bearbeiten. Sie bietet sich vor allem bei der Initiierung von Veränderungsprozessen an. Teammitglieder wehren sich häufig gegen Veränderungen, weil sie die positiven Aspekte unterschätzen und die Ängste vor den negativen Aspekten zu stark sind. Die Stakeholderanalyse hilft bei der Systematisierung positiver und negativer Aspekte und kann zur Optimierung der angezielten Veränderung eingesetzt werden. Ziel ist, sich der positiven Aspekte bewusst zu werden, die negativen Aspekte zu antizipieren und kreative Wege zur Reduktion oder Vermeidung negativer Effekte zu finden. Der Schwerpunkt sollte (dies hat Kurt Lewin schon 1946 gesagt) auf der Beseitigung oder Reduktion der negativen Aspekte liegen. Dadurch schwächen sich Widerstände ab und die Vorteile treten automatisch hervor.

Systematische Analyse positiver und negativer Aspekte der Veränderung für alle Betroffenen

Vorgehen bei der Stakeholderanalyse

1. Schreiben Sie auf ein Flipchart, welche Veränderung das Team einführen will (soll) und gegebenenfalls, welche Alternative(n) es gibt.
2. Stellen Sie für die Veränderung und jede Alternative fest, welche Stakeholder betroffen sind. Wenn es sich bei Ihrem Team zum Beispiel um eine Abteilung in einer Klinik handelt, können Ihre Stakeholder die Patienten, die Angehörigen der Patienten, alle Mitglieder Ihres Teams (also z. B. Ärztinnen, Krankenpfleger, Therapeuten, aber auch alle anderen Angestellten wie Schreibkräfte, Reinigungspersonal usw.), Führungskräfte und technisches Personal der Klinik, Ärzteverbände usw. sein.
3. Erstellen Sie eine Tabelle, in der Sie für jede Stakeholdergruppe die möglichen Vor- und Nachteile der Veränderung eintragen. Zum Beispiel könnte Ihr Team einführen wollen, dass die Patienten immer zuerst mit einem Krankenpfleger sprechen, bevor sie eine Ärztin sehen, und dann der Krankenpfleger entscheidet, ob dies notwendig ist oder der Patient mit einigen Tipps wieder nach Hause geschickt werden kann. Dies hat für die Ärzte den Vorteil, dass sie sich für die ernsten Fälle mehr Zeit nehmen können, aber vielleicht den Nachteil, dass sie ein Stück Verantwortung und Kontrolle verlieren. Für das Pflegepersonal wird die Arbeit bedeutungsvoller und vielfältiger, aber die Veränderung ist mit größerer Verantwortung und mit zusätzlichem Aufwand (z. B. für Fortbildungen) verbunden. Für die Patienten wird insgesamt die Wartezeit verkürzt, aber manchen ist vielleicht nicht ganz wohl damit, zunächst von jemandem versorgt zu werden, der kein Arzt ist usw.
4. Gehen Sie die einzelnen Punkte durch und überlegen Sie im Team, was die einzelnen Stakeholder für Prioritäten haben könnten (was ist den Patienten wichtiger – geringere Wartezeiten oder grundsätzliche Versorgung durch einen Arzt?).
5. Versuchen Sie nun, die *Nachteile* zu minimieren, indem Sie die angestrebte Veränderung modifizieren und die Alternativen im Hinblick auf Vor- und Nachteile durchgehen.

6. Legen Sie den Schwerpunkt auf Stakeholder, für die sich besonders viele oder schwerwiegende Nachteile ergeben würden. Wie kann das Team hier die Veränderung modifizieren, um die Nachteile zu reduzieren?
7. Am Ende sollten alle Teammitglieder mit der modifizierten Strategie einverstanden sein und es sollten, für alle klar erkennbar, die Vorteile deutlich die Nachteile überwiegen. Wäre dies nicht der Fall, bräuchte man die Veränderung nicht einzuführen. Durch die Stakeholderanalyse wird aber erstens die Veränderung modifiziert und Nachteile werden minimiert und zweitens fühlen sich die Teammitglieder durch ihre Beteiligung stärker involviert und sind dann auch eher bereit, die Veränderung mitzutragen und gegenüber anderen Stakeholdern zu verteidigen. Dies gilt insbesondere bei Veränderungen, die nicht vom Team selbst initiiert werden, sondern die auf Weisung von oben umgesetzt werden müssen.

4.3.8 Umgang mit schwierigen Teammitgliedern

Teamleiter müssen Verantwortung in unangenehmen Situationen übernehmen

Im nächsten Kapitel werden wir ausführlicher auf allgemeine Probleme bei der Durchführung von Teamentwicklungsmaßnahmen eingehen. An dieser Stelle wollen wir Teamleitern Hinweise geben, wie sie besser mit schwierigen Teammitgliedern umgehen können. Der Umgang mit schwierigen Kollegen und mit Konflikten allgemein fällt fast allen Menschen schwer und deshalb ist es nicht verwunderlich, dass wir häufig versuchen, unangenehme Gespräche aufzuschieben. Zur Aufgabe des Teamleiters gehört es aber auch, Verantwortung in unangenehmen Situationen zu übernehmen und Konflikte konstruktiv zu lösen. In jedem Team gibt es Situationen, in denen ein einzelnes Teammitglied „schwierig" ist und in denen sich andere Teammitglieder über einen Kollegen beschweren. Ihre Aufgabe als Führungskraft ist es, zunächst zu entscheiden, ob die entsprechende Person tatsächlich schwierig im negativen Sinne ist. Manchmal handelt es sich um ein Teammitglied, das oft etwas andere Sichtweisen hat als das übrige Team. Dies wird dann als störend wahrgenommen, kann aber für Kreativität und Innovation und letztlich den Teamerfolg ganz wichtig sein. Oder es handelt sich um ein übervorsichtiges Teammitglied, das jede Entscheidung noch einmal hinterfragt und vor Risiken warnt – je nachdem, in welchem Arbeitskontext (denken Sie an ein Labor mit giftigen Stoffen oder an Investmentbanker, die Entscheidungen über sehr große Geldbeträge treffen), kann ein solches Teammitglied aber wichtig sein. In einem solchen Fall sollten Sie dieses Thema in einer Teamsitzung ansprechen und diskutieren.

Manchmal handelt es sich aber wirklich um ein Teammitglied, das aus der Rolle fällt, alles mit spöttischen Bemerkungen versieht, seiner Arbeit nicht so nachkommt, wie es das Team erwartet und dadurch Mehrarbeit für alle anderen erzeugt usw. Ihre Rolle als Teamleiter ist es dann in der Regel zu coachen und nicht auszuschließen (vgl. Kapitel 2.2.2), d. h. ihre Aktivität sollte darauf gerichtet sein, das schwierige Teammitglied wieder einzubinden, ihm sein Verhalten bewusst zu machen und gemeinsam Lösungen zu erarbeiten. Folgende Schritte können beim Führen eines klärenden Gespräches helfen:

– Machen Sie sich vor dem Gespräch mit Ihren eigenen Gefühlen und Gedanken im Zusammenhang mit dem schwierigen Kollegen vertraut und überlegen Sie sich, was für Sie bei dem Gespräch herauskommen soll. Wenn ein Teammitglied zum Beispiel in Sitzungen ständig zynische Bemerkungen zu Ihren Vorschlägen macht, müssen Sie sich klar darüber werden, was Sie daran eigentlich stört (vielleicht, dass dieses Verhalten ihre Autorität untergräbt, dass es Sie persönlich kränkt, dass es dadurch zu einem schlechten Klima im Team kommt usw.). Ihr Ziel im Gespräch sollte sein, dem Kollegen mitzuteilen, was Sie stört und dass Sie möchten, dass der Kollege aufhört, solche Kommentare zu machen.
– Wiederholen Sie sich unmittelbar vor dem Gespräch, was Sie eigentlich sagen wollen, machen Sie sich Notizen mit den wichtigsten Punkten und suchen Sie möglichst konkrete Beispiele. Es nützt nichts, dem Kollegen vorzuhalten, er würde „ständig dumme Bemerkungen" machen – dies vergrößert die Konflikte nur. Sinnvoll ist dagegen, ein oder mehrere Beispiele vorzubringen („Im Meeting letzten Montag haben Sie auf meinen Vorschlag zum EDV-Problem folgendermaßen reagiert ... und dies hat dazu geführt, dass wir anschließend nicht mehr über den Vorschlag, sondern über unsere Beziehungen diskutiert haben. Dies hat mich persönlich gekränkt und hat nicht zur Problemlösung beigetragen.")
– Werden Sie sich vor dem Gespräch über eine optimale Lösung klar, aber auch über Alternativen, mit denen am Ende beide Seiten leben können.
– Wählen Sie Zeit und Ort sorgfältig aus. Das Gespräch sollte ohne Hektik stattfinden, planen Sie also ausreichend Zeit ohne Unterbrechungen ein und wählen Sie einen Ort, an dem man ungestört und unbeobachtet miteinander reden kann.
– Im Gespräch sollten Sie dem Kollegen stets mit Respekt begegnen, aber klar die Punkte ansprechen, die Sie oder andere Teammitglieder stören. Geben Sie Beispiele, ohne emotional zu werden und machen Sie von Beginn an deutlich, dass Sie an einer *Lösung* interessiert sind. Wenn Sie über die Alternativen gesprochen haben, versuchen Sie gemeinsam eine Lösung zu erarbeiten. Sobald sich der Kollege dazu bereit erklärt hat, danken Sie ihm für die Zeit und Kooperationsbereitschaft.
– Wenn nötig, vereinbaren Sie ein zweites Gespräch, um dem Kollegen Zeit zu geben, über das Gesagte nachzudenken und selbst einen Lösungsvorschlag zu machen.

4.3.9 Die Stufenleitertechnik zur Reduktion von Gruppendenken

Stufenleitertechnik für bessere Entscheidungen

In den folgenden beiden Übungen soll beispielhaft veranschaulicht werden, wie die Entscheidungsfindung in Teams optimiert werden kann. In mehreren Kapiteln haben wir beschrieben, dass es in Teams häufig nicht zu den besten Problemlösungen kommt, weil Teams aufgrund von z. B. Gruppendenken (siehe Kapitel 1.5.2) nicht alle Informationen aufnehmen oder Minderheitenmeinungen nicht zulassen. Wir beginnen mit einer etablierten Übung, der Stufenleitertechnik, die das Gruppendenken weitgehend ausschließen soll, indem alle Gruppenmitglieder beteiligt werden. Die Stufenleitertechnik wurde vor über 20 Jahren von Rogelberg, Barnes-Farrell und Lowe (1992) entwickelt und seitdem immer wieder eingesetzt, überprüft und zum Beispiel auch für virtuelle Teams und Audiokonferenzen (Rogelberg, O'Connor & Sederburg, 2002) adaptiert. Sie hilft dabei, alle Teammitglieder einzubeziehen und ihre individuellen Beiträge einzubringen, bevor sie durch andere beeinflusst werden oder sich hinter den Ideen der anderen verstecken können. Die Stufenleitertechnik arbeitet ähnlich wie die vielleicht etwas bekanntere Delphi-Methode, bei der der Teamleiter oder ein neutraler Dritter die Informationen stufenweise von den einzelnen Mitgliedern bekommt, rückmeldet, wieder neue Informationen integriert usw. Die Stufenleitertechnik führt grundsätzlich zu etwas schnelleren Lösungen als die aufwendigere Delphi-Methode. Die Delphi-Methode ist aber auch für sehr große Gruppen anwendbar, während die Stufenleitertechnik am besten in Teams mit überschaubarer Größe funktioniert.

Die fünf Stufen der Stufenleitertechnik

Die Stufenleitertechnik ist sehr einfach und besteht aus fünf Stufen:

Übung: Stufenleitertechnik

1. Bevor man beginnt, es als Gruppe zu bearbeiten, wird das Problem oder die Fragestellung jedem einzelnen Teammitglied vorgestellt und ausführlich geschildert. Dies kann zum Beispiel einige Stunden oder einige Tage (je nach Schwierigkeit, Umfang und Bedeutung des Problems) vor dem eigentlichen Teammeeting geschehen, indem man das Problem oder die Fragestellung jedem Teammitglied per E-Mail schildert und jeden bittet, einzeln darüber nachzudenken. Dies kann aber auch ad hoc während eines Teammeetings geschehen. Man bittet dann die Teammitglieder darum, sich das Problem zunächst anzuhören und dann jeder für sich – am besten getrennt in den eigenen Büros oder an den jeweiligen Arbeitsplätzen – über eine Lösung nachzudenken und diese stichwortartig aufzuschreiben.
2. Als nächstes bildet man eine Gruppe aus zwei Teammitgliedern, die das Problem diskutieren.
3. Zu dieser Zweiergruppe kommt dann ein drittes Mitglied hinzu. Dieses präsentiert dann zuerst seine vorher individuell überlegte Lösung,

bevor die beiden anderen ihre Überlegungen vorstellen. Anschließend werden zu dritt die Lösungsmöglichkeiten besprochen.
4. Nun kommt ein viertes Gruppenmitglied, das ebenfalls wieder zuerst seine Lösung darstellt, bevor die drei vorherigen Teilnehmer ihre Überlegungen präsentieren.
5. Eine abschließende Lösung wird dann am Ende erarbeitet, nachdem das letzte Teammitglied hinzugekommen ist und man wieder vollständig ist.

4.3.10 Minderheiten einbeziehen

Die zuvor vorgestellte Stufenleitertechnik hilft dabei, alle Gruppenmitglieder in die Problemlösung einzubeziehen. Jedes Teammitglied ist aufgefordert, seine oder ihre Ideen einzubringen und niemand kann sich hinter einer schon von anderen geäußerten Lösung „verstecken". Allerdings kann es auch bei Anwendung der Stufenleitertechnik dazu kommen, dass Minderheitenmeinungen nicht gleichberechtigt gehört oder sogar aktiv unterdrückt werden. Gerade bei Problemen, die wiederkehrend sind, weiß die Gruppe häufig schon, dass eine bestimmte Minderheit im Team (z. B. die weiblichen Mitglieder oder die älteren Kollegen) eine Präferenz hat, die den anderen nicht gefällt. Hier hilft dann auch die Stufenleitertechnik wenig, wenn diese Meinung von vornherein abgewertet und unterdrückt wird. Dies ist aber wichtig, weil gerade bei ganz neuartigen, komplexen Problemen die unterschiedlichen Perspektiven, die Minderheiten einbringen, kreative Lösungen stimulieren (Nemeth, 2011). Im Folgenden möchten wir daher einige konkrete Hinweise geben, wie Minderheiten sich in Teams besser Gehör verschaffen und einbezogen werden können. Hierbei geht es vor allem um die Stimulation von Wandel. Wenn man sich die großen Veränderungen in der Gesellschaft der letzten ca. 50 Jahre ansieht (z. B. die Frauenbewegung, die 68er-Bewegung, das Internet), gingen diese sehr häufig von Minderheiten aus, die anfangs eher belächelt oder sogar aktiv unterdrückt wurden, die sich aber langfristig durchsetzen konnten, weil sie einige der im Folgenden skizzierten Merkmale zeigten:

Minderheiten können zu Wandel beitragen

– Die Minderheit braucht eine klare Vorstellung, eine Vision davon, was sie verändern will und wo sie hin will. Diese Vision sollte in einem griffigen Statement, idealerweise einem Einzeiler, zusammengefasst werden können („Black is Beautiful"). Wird dieses Statement immer wieder geäußert, führt es durch Wiederholung dazu, dass andere, die anfangs skeptisch sind, beginnen sich kreativ mit der Botschaft auseinanderzusetzen.
– Die Minderheit wird die Mehrheit nur dann überzeugen, wenn sie ihre Meinung kohärent und konsistent vertritt. Die einzelnen Mitglieder der Minderheit müssen sich einig sein und im Rahmen ihrer Vision argumentieren und sich nicht einander widersprechen. Eine Minderheit, die nur aus einem

einzigen Teammitglied besteht, hat wenig Aussicht auf Erfolg – das Mitglied sollte sich mindestens einen Verbündeten suchen, denn eine Minderheit von zwei Personen kann bereits sehr effektiv sein. Umso mehr diese Angehörigen der Minderheit sich ihrem Ziel, der Veränderung, verbunden fühlen und je mehr Einigkeit sie demonstrieren, umso größer ist die Aussicht auf Erfolg.

- Minderheiten brauchen Stehvermögen und Standfestigkeit. Die Aktivisten der 68er-Bewegung oder die Vorreiterinnen der Frauenbewegung waren starker Kritik ausgesetzt und sie mussten häufig Rückschläge hinnehmen – dies ist normal, wenn man etwas bewegen will.
- Um die Widerstände gegen den Wandelprozess bei der Mehrheit überwinden zu können, sollte die Minderheit sich vorher über mögliche Hindernisse, Stolpersteine und Gegenargumente klar werden – je mehr man auf solche dann von der Mehrheit tatsächlich geäußerten Einwände vorbereitet ist und Argumente zur Hand hat, umso eher kann man sich durchsetzen. Dabei ist es aber wichtig, den Argumenten der Mehrheit auch tatsächlich aktiv zuzuhören und genau auf sie einzugehen.
- Informationen und ihre Verbreitung sind sehr wichtig. Häufig wird ein angestrebter Wandel von der Mehrheit bekämpft, weil es Missverständnisse gibt. Gerade vermeintlich negative oder schlechte Nachrichten verbreiten sich schnell und bleiben im Gedächtnis der Mitglieder hängen – selbst wenn sie un- oder halbwahr sind. Daher muss die Minderheit immer besonderen Wert auf transparente, klare und konsistente Verbreitung aller Informationen achten.
- Wenn möglich, sollten Teamleiter oder andere einflussreiche Teammitglieder einbezogen werden und um Unterstützung gebeten werden. Wenn dies allerdings nicht gelingt, wird es bei der Mehrheit manchmal durchaus als Signal gesehen, dass der Minderheit ihr Anliegen besonders wichtig ist, gerade *weil* sie es gegen die Hierarchien durchsetzen will.
- Schließlich ist die Teilhabe am Wandel der beste Weg die Widerstände zu reduzieren. Geht die Minderheit mit gutem Beispiel voran und setzt den Wandel dort, wo es ihr möglich ist, selbst in die Tat um, wird sie glaubhaft; man sieht, dass die befürchteten negativen Ergebnisse nicht oder nicht in der erwarteten schweren Form eintreten und sobald die ersten Mehrheitsmitglieder dem Beispiel folgen, gelingt der Wandel auch in großem Stil.

4.3.11 Diversitätsmanagement

Zum Thema Diversität gibt es eine große Zahl spezialisierter Literatur; zum Beispiel findet man bei Lüthi, Oberpriller, Loose und Orths (2009) mehr als 60 konkrete Übungen zu verschiedenen Aspekten von Diversität in Teams.

Eine Übung zu Stereotypen

Eine dieser Übungen (erstellt von Erika Lüthi und Stephan Orths) zum Thema Stereotypisierung soll hier kurz vorgestellt werden. Sie eignet sich für Teams, die schon länger existieren und in denen es unterschiedliche Subgruppen gibt – bei etwas Überlegung findet sich dies in jedem Team (z. B. Männer vs. Frauen, Ältere vs. Jüngere, Angehörige technischer vs. betriebswirtschaftlicher Berufe usw.). Man braucht zur Durchführung einen Raum für das ganze Team und einen zweiten Raum für die Gruppenarbeit, Flipcharts und etwa 90 Minuten Zeit. Nach Lüthi und Orths sollte das Team aus mindestens acht Personen bestehen, die Übung sollte aber auch mit bereits fünf oder sechs Personen möglich sein, wenn die beiden relevanten Untergruppen, die identifiziert werden (siehe unten), aus dann mindestens zwei bis drei Personen bestehen. In der Übung geht es darum, den Teammitgliedern bewusst zu machen, wie sie selbst ihre Gruppe innerhalb des Teams wahrnehmen (z. B. Gruppe der Wissenschaftler) und wie sie die andere Gruppe (z. B. die nicht-wissenschaftlichen Teammitglieder) wahrnehmen. Die Teammitglieder sollen in dieser Übung erfahren, welche Gruppierungen es gibt, sie sollen sich mit einem Unterschied (z. B. ältere vs. jüngere Kollegen) vertraut machen und anhand der Beschäftigung mit diesem Unterschied ihre Tendenzen erkennen, in Stereotypen zu denken und sich davon (häufig falsch) beeinflussen zu lassen.

Konkret läuft die Übung in folgenden Schritten ab:

Übung zum Thema Stereotypisierung

1. Zunächst wird ein für das Team relevanter Unterschied ausgewählt – dieser kann vom Teamleiter vorgegeben oder von der Gruppe in einer (kurzen) Diskussion ausgewählt werden. Zum Beispiel Männer vs. Frauen. Dabei sollte unbedingt darauf geachtet werden, dass kein Merkmal ausgesucht wird, das nur auf eine Person oder eine ganz kleine Minderheit zutrifft (also nicht die einzige Frau in einem kleinen Team oder die zwei Männer in einem Team mit mehr als zehn Frauen).
2. Männer und Frauen arbeiten nun getrennt zu folgenden Fragen:
   – Was haben wir gemeinsam?
   – Was haben – unserer Meinung nach – die anderen gemeinsam?
   – Was unterscheidet uns von den anderen?
   – Worin liegt unser besonderer Beitrag zum Erfolg des Teams?
   – Eventuell, wenn sich die Teammitglieder gut kennen und es insgesamt im Team relativ harmonisch zugeht: Was stört uns oder ist uns fremd an den anderen?
3. Die wichtigsten Punkte werden auf einem Flipchart zusammengefasst.
4. Im Plenum werden die Ergebnisse dargestellt. Wenn die eine Gruppe präsentiert, darf die andere jeweils Verständnisfragen stellen, aber es wird noch nicht diskutiert oder kritisiert.
5. Jeder macht sich einzeln Gedanken über das Gehörte und reflektiert zum Beispiel anhand der Fragen: Was hat mich überrascht? Was hat mich gestört oder geärgert?

6. Im letzten Schritt wird dann im Plenum diskutiert. Dabei geht es nicht um die Korrektur (vermeintlich) falscher Fremdbilder über die andere Gruppe, sondern um folgende Aspekte:
   – Welche Unterschiede gibt es im Team?
   – Welchen Beitrag leisten die Unterschiede zum Teamergebnis?
   – Wobei helfen uns die Unterschiede?
   – Was sind die gemeinsamen Interessen und Ziele der Untergruppen?

4.4 Mögliche Probleme

In Kapitel 1.5.2 sind wir bereits auf einige Nachteile der Teamarbeit, wie das soziale Faulenzen oder mangelhafte Entscheidungs- und Problemlöseprozesse eingegangen. In diesem Abschnitt wollen wir kurz besprechen, welche Fehler bei der Einführung von teambasiertem Arbeiten gemacht werden können und welche Probleme im Zusammenhang mit Teamentwicklungsmaßnahmen auftreten können.

4.4.1 Probleme durch Fehler bei der Einführung von Teamarbeit

Mögliche Fehler bei der Einführung von Teamarbeit

An verschiedenen Stellen dieses Bandes haben wir diskutiert, dass die Einführung von teambasiertem Arbeiten eine Reihe von Schritten erfordert und dass es in Organisationen, die teambasiert strukturiert sind, spezielle und zum Teil zusätzliche Anforderungen an das Personalmanagement gibt. Aus diesem Grunde passieren auch häufig Fehler bei der Umstellung. Teamarbeit wird eingeführt, weil sie „in Mode" ist, weil man damit dem wachsenden Wettbewerbsdruck begegnen will oder weil man gegenüber Kunden einen fortschrittlichen Eindruck machen will. Viele Organisationen übersehen dabei einige grundsätzliche Voraussetzungen:

- *Teams ohne Aufgabe*

Teamwork einzuführen, nur weil es Mode ist, aber ohne teamfähige Aufgaben zu haben, ist nicht nur unnötig, es kann auch negative Auswirkungen haben. Die Einführung von Teamwork wird von den meisten Mitarbeitern zunächst begrüßt, man freut sich auf die engere Zusammenarbeit mit Kollegen und hofft auf Synergieeffekte und Arbeitserleichterungen. Wenn man dann aber feststellt, dass man nach Einführung der Teamarbeit dieselbe Arbeit macht, ohne dass die Kollegen einem dabei wirklich helfen können und wenn es statt der erhofften Arbeitserleichterungen lediglich Mehrarbeit durch die zusätzlichen Teammeetings gibt, wirkt das demotivierend. Die Mitarbeiter würden sich in einem solchen Fall weniger anstrengen als vor der Einführung von Teamarbeit und stehen der nächsten Umstrukturierung besonders skeptisch gegenüber. Einen großen Tanker anzustreichen, erfordert keinerlei Teamarbeit – hier muss einfach jeder Mitarbeiter gesagt bekommen, welchen Teil er anstreichen soll und wie viel Zeit er zur Verfügung hat. Einen Tanker aus dem Hafen zu steuern, erfordert dagegen eine Menge Koordination und Interaktion, und eine echte Teamstruktur kann helfen, die Arbeit schnell und fehlerfrei zu erledigen.

- *Teams ohne Verantwortung und Autonomie*

Teams einzuführen und ihnen dann nicht zu ermöglichen, selbst zu entscheiden, wie sie ihre Aufgaben erledigen, ist so, als wenn man jemandem beibringen würde, auf einem Rennrad zu fahren und ihm anschließend nur erlaubt, es im eigenen Wohnzimmer zu benutzen. Viele Organisationen erkennen nicht, dass die Einführung von Teamarbeit mit dem Abbau von Hierarchie und Bürokratie einhergehen muss. Führungskräfte haben oft Bedenken, Verantwortung abzugeben und Entscheidungen zu delegieren. Bei der Einführung von Teamarbeit erzeugt aber *zu wenig* Autonomie das größere Problem. Dann nämlich werden Erwartungen enttäuscht und Teams können ihre Potenziale nicht ausschöpfen, weil sie zu stark von Richtlinien und Führungskräften kontrolliert werden (siehe Murnighan, 2012).

- *Organisationen ohne Teamstruktur*

Teambasiertes Arbeiten einzuführen erfordert einen radikalen Umbau der Organisation, was Hierarchien, Unterstützungssysteme (siehe Kapitel 1.4 zu den Anforderungen an das Personalmanagement) und die Organisationskultur angeht. Viele Organisationen gehen den letzten Schritt nicht und behalten die alten Strukturen bei. Anstelle des traditionellen und gewohnten Fokus auf individuelle Leistung, individuelle Entwicklung und individuelle Bedürfnisse geht es aber nach der Einführung von teambasiertem Arbeiten zusätzlich und vor allem um das Team. Das Erfolgskriterium ist jetzt in erster Linie das Teamprodukt, trainiert werden müssen Teams bzw. Individuen und Teamleiter in ihrer Rolle als Teammitglied und belohnt wird der Teamerfolg – zusätzlich zur individuellen Leistung. Die Einführung von Teamarbeit muss sich aber nicht nur in einer Veränderung der formalen Strukturen und Systeme niederschlagen, sondern vor allem in der Unternehmenskultur, die offener, flexibler und weniger hierarchisch werden muss, wenn man das volle Potenzial der Teamarbeit nutzen will.

- *Teamleiter ohne spezielle Qualifizierung*

In Kapitel 2.2.2 haben wir die Rolle und die verschiedenen Aufgaben des Teamleiters diskutiert. Viele Organisationen machen den Fehler, dass sie die Teamleitung an Personen übertragen, die vor der Einführung von Teamarbeit bereits Führungsaufgaben innehatten, ohne zu überprüfen, ob diese Person auch über die nötigen Voraussetzungen zur *Team*leitung verfügt. Teamleitung erfordert mehr als die Führung von Individuen, man muss das Team mitreißen und Visionen verkörpern können, andere Arten von Konflikten lösen und Verantwortung an das Team abgeben können. Für diese Aufgaben müssen die geeigneten Führungspersonen sorgfältig ausgewählt und vorbereitet werden.

- *Teams ohne Blick für die anderen*

Schließlich machen viele Organisationen den Fehler, nicht von Beginn an auch auf die Zusammenarbeit zwischen den Teams zu achten. Man muss gleich mit der Einführung von teambasiertem Arbeiten auch die Strukturen schaffen, die es Teams ermöglichen, miteinander anstatt gegeneinander zu arbeiten. Wir haben dies bereits in vorangegangenen Kapiteln beschrieben und wollen hier nur noch einmal wiederholen, dass besonders gut funktionierende Teams mit einem hohen Maß an Zusammengehörigkeitsgefühl leicht einen verzerrten Blick über das eigene Team hinaus haben. Man fühlt sich anderen Teams überlegen, es kann zu Problemen und sogar Feindseligkeiten kommen. Die Organisation muss dies verhindern, indem zum Beispiel Anreize für die Zusammenarbeit geschaffen werden, regelmäßiger Austausch zwischen Teams stattfindet und Konflikte ernst genommen werden.

4.4.2 Probleme bei Teamentwicklungsmaßnahmen

Widerstände und Konflikte bei der Teamentwicklung

Wir werden nun noch kurz auf zwei Probleme eingehen, die im Rahmen der Vorbereitung und Durchführung von Teamentwicklungsmaßnahmen auftreten können. Zum einen sind dies Widerstände eines ganzen Teams oder einzelner Mitglieder, überhaupt an der Maßnahme teilzunehmen, zum anderen Konflikte, die während der Durchführung auftreten.

- *Widerstand*

Je nach Anlass der Teamentwicklungsmaßnahme gibt es auf Seiten der Teammitglieder oder der Teamleitung häufig Widerstände. Kommt die Idee, eine Teamentwicklung zu machen, zum Beispiel von den Teammitgliedern, mag der Teamleiter dies als Warnzeichen und als Kritik an seinem Führungsstil auffassen. Kommt die Idee dagegen von der Teamleiterin, kann es zu Befürchtungen über Umgestaltungen usw. auf Seiten der Teammitglieder kommen. Grundsätzlich sind bei Teamentwicklungsmaßnahmen, wie auch bei allen anderen Veränderungsprozessen, die betroffenen Menschen hin- und hergerissen zwischen dem Wunsch, etwas verändern und Neues erleben zu wollen und dem Bedürfnis nach Sicherheit, das am besten dadurch befriedigt wird, dass sich nichts verändert, alles stabil bleibt (Horn-Heine, 2003). Es gibt Teamentwickler, die eine Maßnahme nur dann beginnen, wenn sich in einem Vorgespräch bzw. einer Befragung mindestens 70 bis 80 % der Teammitglieder eindeutig für die Maßnahme aussprechen. Andere sind sich der Tatsache bewusst, dass Teamentwicklungen, die von der Organisationsspitze verordnet werden, häufig gar keine große Akzeptanz im Vorfeld haben können, aber nach ersten Anlaufschwierigkeiten dennoch sehr erfolgreich sein können. Einige Fragen können dem Teamentwickler behilflich sein, bevor er einen Auftrag annimmt: Macht die Maßnahme nur Sinn, wenn alle Teammitglieder einverstanden und motiviert sind? Macht die Maßnahme nur Sinn, wenn auch tatsächlich alle Teammitglieder teilnehmen? Grundsätzlich sollten bei einer Teamentwicklung alle am Team beteiligten Personen verbindlich dabei sein (Horn-Heine, 2003), es kann aber auch Situationen geben, wo man die Entscheidung, teilzunehmen oder nicht, einem Teammitglied selbst überlässt – umso motivierter wird dieses Teammitglied sein, wenn es dann tatsächlich teilnimmt (Gottschall, 2003). Wichtig ist, dass sich der Teamentwickler möglicher Widerstände bewusst ist und ihr Auftreten antizipiert. Man kann dann durch Vorgespräche, klare Zielvereinbarungen und eine offene Behandlung von problematischen Themen diese Widerstände reduzieren oder konstruktiv bearbeiten. Letztlich gilt auch hier, dass nicht der Teamentwickler verantwortlich für das Gelingen einer Teamentwicklung ist, sondern das Team. Wenn sich die Teammitglieder verweigern, kann auch eine noch so gut gemeinte Initiierung durch den Teamleiter und eine noch so gut durch den Teamentwickler vorbereitete Maßnahme nicht zum Erfolg führen.

- *Konflikte*

Während der Teamentwicklungsmaßnahme kann es immer wieder zu Konflikten zwischen einzelnen Teammitgliedern kommen. Redlich und Mironov (2003) sowie Gottschall (2003) beschreiben ausführlicher, wie Konflikte bei der Zusammenarbeit entstehen und wie sie gelöst werden können. Hier wollen wir uns auf einige Stichpunkte beschränken. Zunächst entstehen Konflikte selten aufgrund der Tatsache, dass man gemeinsam auf eine zweitägige Teamentwicklungsmaßnahme fährt. In der Regel sind Konflikte zumindest verdeckt und schwelend bereits vorher vorhanden. In der Teamentwicklung werden die Konflikte dadurch virulent, dass man erstens räumlich enger zusammen ist und die Teammitglieder zweitens während einer Teamentwicklungsmaßnahme ermutigt werden, über ihre Zusammenarbeit, ihre Beziehungen usw. zu reflektieren und zu diskutieren.

Grundsätzlich sollte man als Teamentwickler auf die Konflikte eingehen und Hilfestellung bei der Lösung leisten. Zunächst ist es wichtig, dass die Konfliktparteien sich darüber klar werden, um welche Form des Konfliktes es sich handelt. De Dreu und van Vianen (2001) und Jehn (1997) unterscheiden zwischen drei Arten:

Verschiedene Arten von Konflikten

- *Aufgabenbezogene Konflikte bzw. Meinungsverschiedenheiten:* „Welches Produkt sollen wir entwickeln?", „Welche Marketingstrategie sollen wir fahren?"
- *Prozessbezogene Konflikte:* „Welcher Lösungsvorschlag ist der bessere?", „Ist die Art der Aufgabenverteilung gleichmäßig und fair?"
- *Beziehungsbezogene Konflikte*, in denen eine Person der anderen Unzulänglichkeiten oder eine „schwierige" Persönlichkeit vorwirft.

Aufgabenbezogene Konflikte sind in gut funktionierenden, produktiven Teams sogar wünschenswert, sie können kreative, neue Ideen hervorbringen (Tjosvold, 1998) – dies den Teammitgliedern zu vermitteln, kann bereits helfen, das Problem nicht als Konflikt, sondern als konstruktive Art der Problemlösung anzusehen. Die beiden weiteren Konfliktarten sind der Teamarbeit aber fast immer abträglich und sollten umso schneller gelöst werden. Vor allem prozessorientierte Konflikte sollten so schnell wie möglich gelöst werden, da sie sonst zu tiefgreifenden Beziehungskonflikten führen können.

Bei der Lösung von Konflikten hilft es manchmal bereits, wenn den Konfliktparteien einfache Techniken und Regeln der Gesprächsführung erläutert werden, z. B. dass man den anderen ausreden lässt, dass man kritische Anmerkungen immer mit konkreten Beispielen untermauert usw. Eine bewährte Technik ist zum Beispiel, dass der Gesprächspartner zunächst das von der anderen Partei Gesagte kurz zusammenfassend wiederholt, bevor er sein eigenes Statement abgibt, dieses muss sein Gegenüber dann erst wieder zusammenfassen usw. – durch diese einfache Technik wird der Diskussion einerseits etwas mehr Ruhe gegeben, andererseits stellt es sicher, dass die beiden Parteien auch verstehen, was die jeweils andere überhaupt sagt.

Grundsätzlich hilft es bei Konflikten, zu verstehen, welche Alternativen es gibt und welche Strategien langfristig erfolgreicher sind. In Abbildung 12 sind die Möglichkeiten dargestellt.

Alternativen der Konfliktbearbeitung

Wie Abbildung 12 zeigt, gibt es zunächst die unterschiedlichen Motivationen, die eigenen Ziele zu erreichen und der anderen Partei bei ihrer Zielerreichung zu helfen. Aus den Kombinationen dieser beiden Motive lassen sich fünf verschiedene Arten ableiten, mit Konflikten umzugehen:
- *Anpassung:* Hier werden die eigenen Ziele „geopfert". Man stellt die Interessen der anderen über seine eigenen und hilft der anderen Partei bei ihrer Zielerreichung. Eine Motivation, dies zu tun, könnte zum Beispiel sein, dass die andere Partei von höherem Status ist und man sich gefällig erweisen möchte – langfristig wird diese Strategie aber nachteilig sein. Man wird unzufrieden, weil man seine eigenen Interessen und Bedürfnisse nicht angemessen befriedigen kann.
- *Vermeidung:* Man geht dem Konflikt aus dem Weg, indem man die eigenen Interessen zurückstellt, aber auch keinerlei Interesse an der Zielerreichung der anderen Partei hat. Diese Strategie ist vielleicht kurzfristig

Abbildung 12:
Wege der Konfliktverarbeitung (nach Thomas, 1992, S. 668)

geeignet, Konflikte zu reduzieren, ist aber langfristig ebenfalls nicht erfolgversprechend, da auch hier die eigenen Interessen nicht befriedigt werden können.
- *Wettbewerb:* Bei dieser Strategie versucht man, seine eigenen Ziele auf Kosten der anderen Partei durchzusetzen. Dies führt vielleicht kurzfristig zu Erfolgen (bei der Zielerreichung), wird aber die Konflikte verstärken, weil nun die andere Partei unzufrieden ist.
- *Kompromiss:* In der Regel versucht man in der Praxis, Kompromisse einzugehen. Dies kann zwar die Konflikte kurzfristig auflösen, auf lange Sicht hin ist ein Kompromiss aber selten die beste Lösung: Da beide Parteien ihre Ziele nicht vollständig verwirklichen können, resultiert auf beiden Seiten Unzufriedenheit. Außerdem ist der Kompromiss, sogar verglichen mit der vollständigen Durchsetzung einer der beiden Sichtweisen, oft nur die zweitbeste Lösung.
- *Echte Zusammenarbeit* ist dagegen die Lösung, die beiden Parteien langfristig den größten Nutzen bringt. Das Ergebnis ist für beide Seiten zufriedenstellend und die Lösung ergibt sich meist aus einer kreativen Herangehensweise an das Problem – sie stellt sich dann weder als das Erreichen eines der beiden Ziele dar noch als Kompromiss, sondern als neue Alternative.

Bei dieser Darstellung muss man im Hinterkopf behalten, dass die fünf Alternativen nicht in erster Linie die Ergebnisse, sondern die Wege der Konfliktlösung beschreiben. Das heißt, es geht um die Motive und Intentionen der Konfliktparteien, wie sehr sie ihre eigenen Interessen durchsetzen wollen bzw. wie sehr sie die Interessen der anderen Partei als berechtigt und verfolgenswert anerkennen. Eine Intention, mit Vermeidung oder Wettbewerb in eine Konfliktlösung einzutreten, ist in jedem Fall mit schlechteren Aussichten verbunden, den Konflikt zu lösen, während eine Strategie, die auf echte Zusammenarbeit abzielt, für beide Parteien den größten Gewinn verspricht. Wenn dies den Parteien klar gemacht werden kann, ist ein großer Schritt auf dem Weg zu einer Lösung bereits getan.

5 Fallbeispiele

5.1 Eine Abteilung der Aston Business School

In diesem Fallbeispiel soll anhand der Arbeitsgruppe Arbeits- und Organisationspsychologie an der Aston Business School gezeigt werden, wie Arbeit im Team organisiert werden kann bzw. welche Fallstricke sich bei teambasiertem Arbeiten ergeben und wie sie gelöst werden können. Beide Autoren haben diesem Team jahrelang angehört und ihre Entwicklung begleitet und zum Teil mitgestaltet. Die Darstellung knüpft an verschiedenen Stellen an die vorangegangenen Kapitel an, so werden die grundsätzlichen Strukturen dargestellt, die für teambasiertes Arbeiten in der Organisation vorhanden sein müssen. Teamrollen, wie zum Beispiel die der Teamleitung, werden diskutiert und es werden konkrete Vorgehensweisen im Management des Teams beschrieben. Die hier dargestellten Aspekte dürften sich zum Großteil auch auf viele andere Teams und Organisationen übertragen lassen. Wie bei jedem Fallbeispiel gibt es aber natürlich auch hier Grenzen der Generalisierbarkeit.

Die Arbeitsgruppe Arbeits- und Organisationspsychologie ist eine von sechs Arbeitsgruppen in der Aston Business School: Gemeinsam mit den Gruppen Marketing, Public Management & Sociology, Strategic Management, Operations & Information Management sowie Accounting, Finance & Law werden Studierende in verschiedenen Bachelor- und Masterstudiengängen sowie in Doktorandenprogrammen ausgebildet. Angehängt an die Business School ist ein Management-Development-Programm, in dem Topmanager weiterqualifiziert werden.

- *Flache Hierarchie*

Die Aston Business School ist etwa vergleichbar mit einer kleinen deutschen Universität oder einer sehr großen Fakultät mit mehreren Instituten. Die Hierarchie ist flach, neben dem Head of School gibt es eine Reihe von Direktoren (z. B. Director of Research, Director of Quality) und darunter direkt die Arbeitsgruppen. Die Arbeitsgruppe wird geleitet von dem sogenannten Group Convenor. Gemeinsam mit den Leitern der Bachelor- und Masterstudiengänge, für die die jeweilige Arbeitsgruppe direkt zuständig ist (z. B. in dieser Gruppe die Masterstudiengänge Work Psychology & Business sowie Human Resource Management & Business), und dem Research Convenor, der für alle Belange der Forschung und der Doktorandenausbildung innerhalb der Gruppe zuständig ist, leitet der Group Convenor die Arbeitsgruppe in allen wichtigen Fragen. Dieses vierköpfige Team trifft sich ungefähr in vierzehntägigem Abstand, die Tagesordnung und alle Protokolle werden an alle übrigen Teammitglieder verteilt, so dass jedes Mitglied der Gruppe jederzeit über wichtige Fragen informiert ist und sich mit Ein-

Flache Hierarchie in der Organisation

gaben und Anregungen an Entscheidungen beteiligen kann. Entscheidend ist, dass die Arbeitsgruppen als Teams konzipiert sind und in entscheidenden Fragen autonom handeln können.

- *Autonomie*

Autonomie in wichtigen Bereichen

Die Arbeitsgruppen entscheiden zum Beispiel darüber,
- welche *Studiengänge* angeboten werden. Natürlich muss ein einmal begonnener Studiengang fortgesetzt werden, solange Studierende in ihm eingeschrieben sind und natürlich strebt jede Gruppe eine gewisse Konsistenz in Art und Umfang des Angebots an – aber sowohl vom Prinzip her als auch in der Praxis kann die Gruppe entscheiden, ob sie ein weniger erfolgreiches Programm überhaupt fortsetzen will oder ein neues Programm einführen möchte,
- welche und wie viele *Studierende* angenommen werden. In jedem Studiengang bewerben sich die Studierenden direkt bei der Gruppe, die für den jeweiligen Studiengang verantwortlich ist. Diese kann dann die Auswahlkriterien und den Auswahlprozess definieren und – in Abhängigkeit von der Kapazität der Mitarbeiter – mehr oder weniger Studierende zulassen,
- *wie viele Mitarbeiter* sie einstellt. Den Rahmen bildet die von der Business School mit der Universitätsleitung für 5 bis 10 Jahre entwickelte Strategie. Innerhalb dieses Rahmens weiß jede Gruppe, wie viele Stellen ihr im Prinzip zustehen. Abhängig von der Studierendenentwicklung kann aber jede Gruppe selbst entscheiden, wann sie welche Stelle für welche Position ausschreibt. Dies bedeutet, dass eine Gruppe auch vorübergehend Stellen nicht besetzen kann, um zum Beispiel Gelder für andere Zwecke ausgeben zu können (Konferenzreisen, Forschungsgeräte, Renovierungen usw.). Oder, dass sie umgekehrt über den „Stellenplan" hinaus Mitarbeiter rekrutieren kann, wenn die Studierendenzahlen sich positiv entwickeln,
- welche *Mitarbeiter* sie einstellt. Nachdem die Bewerbungen bei der Personalabteilung eingegangen sind, bestimmt die Gruppe, d. h. der Group Convenor mit den anderen leitenden Mitarbeitern und unter Konsultationen mit anderen Mitgliedern des Teams, wer auf die „shortlist" kommt, d. h. zum Gespräch eingeladen wird. Dieses Gespräch findet dann, je nach Rang der zu besetzenden Stelle, mit Mitgliedern der Gruppe und weiteren Mitgliedern von Personalabteilung und Universitätsleitung kurz nach Erstellung der shortlist statt. Meist wird unmittelbar nach diesem Gespräch den geeigneten Kandidaten ein Angebot gemacht und innerhalb von 1 bis 2 Wochen gibt es die Vertragsunterzeichnung – der ganze Vorgang dauert etwa 4 bis 8 Wochen (eine für deutsche Universitäten unvorstellbar kurze Zeit). Die Rolle der Personalabteilung ist hier ganz zentral. In Deutschland wird die Personalabteilung bei Einstellung einer neuen Professorin zum Beispiel meist erst relativ spät, nämlich bei Vertragsunter-

zeichnung, beteiligt. In England ist sie dagegen von Beginn an beteiligt, sie gibt Hinweise bei der Budgetkalkulation (können wir uns einen neuen Mitarbeiter leisten und auf welcher Qualifikationsstufe), der Ausschreibung (wie erreichen wir unsere Zielgruppe) und der Auswahl,
- wie sie ihre *finanziellen Mittel* einsetzt. Die Arbeitsgruppe bekommt für Personal, laufende Kosten, Forschungszwecke usw. ein bestimmtes Budget zugewiesen, für das sie völlig autonom zuständig ist. Die Arbeitsgruppe entscheidet, ob zusätzliche Lehrkräfte eingestellt werden, Gäste aus dem In- und Ausland eingeladen werden, Kongressreisen usw. organisiert werden – oder ob einfach Geld zurückgelegt wird, weil man mittelfristig eine größere Anschaffung plant,
- wer welche und wie viel *Lehre* anbietet. An deutschen Universitäten gibt es eine gesetzlich vorgeschriebene Lehrverpflichtung – jede Professorin muss z. B. in Hessen 8 Stunden Lehre pro Woche und Semester abhalten, nicht mehr und (wenn man nicht gerade in einer Funktion wie der des Dekans tätig ist), auch nicht weniger. Dies ist in England völlig anders. Abhängig von den Studierendenzahlen, die beeinflussen, wie viele Vorlesungen angeboten werden müssen, kann die Gruppe allein entscheiden, wer diese Lehre erbringt. Es gibt Kollegen, die lieber lehren als forschen, andere, die sich lieber in der Selbstverwaltung engagieren usw. – wer was tut, ist innerhalb der Gruppe flexibel verhandelbar. Auch über die Semester (oder Trimester, die es an der Aston Business School wie an anderen Universitäten in England in bestimmten Programmen auch gibt), kann die Lehre sehr unterschiedlich verteilt werden und der eine Kollege lehrt vielleicht über alle Semester hinweg gleichmäßig viel, während eine andere Kollegin bevorzugt, im ersten Trimester viel zu lehren, um dann anschließend wenig oder gar keine Lehre mehr zu machen und sich auf die Forschung zu konzentrieren.

- *Wie werden Visionen entwickelt und kommuniziert?*

Die Ziele der Aston Business School und der Gruppe sind klar formuliert und werden in drei Gremien kontinuierlich weiterentwickelt (dem Strategic Forum, dem School Board und dem Management Committee). Sie werden in sogenannten Away Days gemeinsam vereinbart – das sind Tage, in denen das Personal tatsächlich „weg aus dem Büro" ist und sich Zeit nimmt, Strategien und Visionen zu diskutieren und im Konsens festzulegen. Auf Gruppenebene sind besonders die *Research Away Days* zu nennen: In der Regel zweimal im Jahr nimmt die Gruppe sich eine Auszeit und trifft sich für ein bis zwei Tage außerhalb in angenehmer Atmosphäre (das kann ein Hotel sein, aber auch das Privathaus eines Teammitglieds – hierfür ist wiederum ausschließlich die Gruppe verantwortlich). Es werden dann konkrete Forschungsthemen ausführlich diskutiert und eine Vision und Strategie für die Gruppe entwickelt, nach der sich dann in ihrer täglichen Arbeit alle richten können. An diesen Research Away Days nehmen alle Teammitglieder

Entwicklung von Visionen

teil, inklusive der temporär Beschäftigten und der Doktoranden. Es ist wichtig, dass sich jede Gruppe innerhalb des Teams vertreten und ernst genommen fühlt (bei den Away Days der Arbeitsgruppe Arbeits- und Organisationspsychologie kann man zum Beispiel auch die Verwaltungsangestellten bei der Posterpräsentation erleben, wo sie ihre Ansichten zu positiven und negativen Aspekten z. B. des Küchendienstes oder bestimmter Verwaltungsvorgänge darstellen). Diese Research Away Days lassen sich auch als regelmäßige Teamentwicklungsworkshops bezeichnen, sie dienen der Entwicklung und Reflexion über Strategien und Visionen, tragen aber auch entscheidend dazu bei, dass man einander näherkommt und ein Gefühl der Zusammengehörigkeit entwickelt.

- *Wie findet die Sozialisation innerhalb der Gruppe statt?*

Sozialisation neuer Teammitglieder

– Zunächst hat die gesamte Aston University ein verpflichtend vorgeschriebenes Einführungssystem für neue Mitarbeiter. Dazu gehören Trainings in Arbeitssicherheit, aber auch Sessions, in denen man die Strukturen und Abteilungen kennenlernt und sich mit anderen Kollegen schnell vernetzt.
– Als Nächstes gibt es ein klar strukturiertes Verfahren für *Mitarbeitergespräche* (Staff Appraisal). Einmal jährlich gibt es für jeden Mitarbeiter mit seinem bzw. ihrem Group Convenor ein Gespräch, in dem positive Leistungen gelobt werden, aber auch Unzulänglichkeiten offen angesprochen und vor allem Entwicklungs- und Trainingsbedürfnisse besprochen werden. Für Trainings kann die Gruppe ebenfalls ihr Budget benutzen, niemandem wird die Teilnahme an einem sinnvollen Training verweigert und der Group Convenor versucht, Anregungen für solche Weiterqualifizierungen zu geben. Im Appraisal wird aber auch die Zusammenarbeit mit den anderen Teammitgliedern angesprochen und es wird ganz bewusst darauf geachtet, dass die einzelnen Teammitglieder nicht nur ihre persönlichen Ziele erreichen, sondern auch, wie sie zur Erreichung der Teamziele beitragen können. Jeder Group Convenor muss verpflichtend zu Beginn der Amtszeit eine Schulung in der Durchführung von Mitarbeitergesprächen machen und es wird auch kontrolliert, dass tatsächlich regelmäßige Gespräche geführt werden. Mitarbeitergespräche haben also einen hohen Stellenwert und sie sind sowohl für den Einzelnen, wie für das ganze Team hilfreich.
– Es gibt ein *Peer-Review-System:* Jedes Teammitglied wird – dies bezieht sich vor allem auf die Lehre – von einem anderen Teammitglied in mindestens einer Lehrveranstaltung pro Jahr begleitet und beobachtet. Anschließend setzt man sich zusammen und es wird über positive Aspekte und Verbesserungsmöglichkeiten diskutiert.
– Es gibt ein *Mentoren-System*, in dem ein erfahreneres Teammitglied einen neuen Kollegen betreut und in das System einführt. Neben einem formalen Einarbeitungssystem, bei dem alle neuen Mitglieder der Aston Business School eine Reihe von Kursen besuchen (siehe oben), ist es vor allem dieses Mentoren-System, das schnell dazu führt, dass man sich innerhalb

der (großen) Gruppe zurechtfindet. Der Mentor ist zudem Ansprechpartner bei Problemen zwischen Teammitgliedern.
- In wöchentlich stattfindenden *Kolloquien* findet ein Austausch über Best-practice-Methoden statt, man kann über den letzten Stand eines Forschungsprojektes informieren, sich Rückmeldung zu einem Aufsatz holen oder die Idee zu einer Studie diskutieren.
- Schließlich gibt es eine Politik der offenen Türen. Ist ein Mitarbeiter im Büro, steht in der Regel die Tür offen – dies signalisiert Studierenden, aber auch den Kollegen, dass man bereit für Gespräche und informelle Kontakte ist.

- *Wie sieht die Teamarbeit nun konkret aus, wo kann es zu Problemen kommen und wie können diese gelöst werden?*

1. *Die Arbeitsgruppen sind relativ groß.* Die Arbeitsgruppe Arbeits- und Organisationspsychologie besteht aus ca. 15 permanenten Mitgliedern (zwei Professoren, einige Reader, Senior Lecturer und Lecturer, ein Statistiker). Dazu kommen drei Verwaltungskräfte, ungefähr 10 bis 12 temporär beschäftigte Forscher und etwa 15 Doktoranden. Mit einer solchen Größe ist die Gruppe groß und ließe sich mit herkömmlichen Methoden nur schwer kontrollieren und koordinieren. Daher hat die Leitung der Gruppe eine Haltung, die die Verantwortung sehr stark in den Bereich jedes Einzelnen legt. Da viele ihre Freiheiten nutzen, um neben der wissenschaftlichen Tätigkeit als Unternehmensberater zu arbeiten (was in der Business School ausdrücklich gewünscht wird, weil dadurch Kontakte zur Praxis aufgebaut werden, die der Business School und ihren Studierenden in vielfacher Weise zugutekommen) oder einfach ihre wissenschaftlich-publizistische Arbeit von zu Hause erledigen, muss man sich aufeinander verlassen können. Einige Methoden, wie erreicht wurde, dass man sich dennoch ohne allzu großen Aufwand abstimmen kann, sind

    Probleme und Lösungen

    - die Einführung eines *Staff Diary*: Bis zum Ende der Woche trägt jeder in ein Formular ein, was man an welchem Tag der kommenden Woche tun wird und wo man zu erreichen ist – dieses Diary wird dann am Freitag per E-Mail an alle verschickt. Jeder kann dann sehen, wann und wo es welche Überschneidungen gibt und wann man wen im Büro erreichen und ansprechen kann,
    - eine *langfristige Planung* wichtiger Zusammenkünfte: Alle regelmäßigen Zusammenkünfte, die die ganze Gruppe oder Teilgruppen (z. B. alle in der Lehre mitarbeitenden Kolleginnen und Kollegen) betreffen, werden am Beginn eines Semesters vereinbart und stehen dann sozusagen als fixe Punkte in jedermanns Terminkalender.
2. *Es gibt eine leistungsbezogene Gehaltskomponente, das Performance Related Payment, in der Leistungen Einzelner belohnt werden.* Beim Performance Related Payment kann jedes Teammitglied für bestimmte Leistungen Punkte bekommen, die dann in finanzielle Gratifikationen umge-

wandelt werden. In Bezug auf den Teamgedanken ergeben sich dabei einige Probleme: Zunächst sind viele der Aspekte, die mit Punkten belohnt werden, auf individuelle Leistungen ausgerichtet, vor allem für gute Lehre und hochrangige Publikationen gibt es Punkte. Insbesondere bei den Publikationen ergab sich das weitere Problem, dass jemand für eine Publikation, die er allein oder gemeinsam mit anderen Forschern außerhalb der Aston Business School veröffentlicht – je nach Art der Publikation – einen vollen Punkt bekommt, wenn er aber gemeinsam mit einem anderen Mitglied seiner Gruppe veröffentlichte, wurden die Punkte geteilt. Hiermit war beabsichtigt, internationale Kontakte zu fördern. Man hat jedoch übersehen, dass dieses Vorgehen einen klaren negativen Anreiz für Kooperation im Team darstellte. Daher hat man eine neue Regel eingeführt, bei der bei Publikationen mit mehreren Personen der Gruppe nicht nur jeder die Punkte bekommt, die er oder sie auch bei individueller Publikation bekommen hätte (so dass niemandem ein Nachteil entsteht), sondern man bekommt zusätzliche Punkte, wenn einer der Koautoren bereits Erfahrungen im Publizieren hat und der andere Koautor noch keinerlei Erfahrung. Hiermit ist ein echter Anreiz geschaffen, innerhalb der Gruppe zu kooperieren. Darüber hinaus hat man zusätzlich zu den Punkten in Forschung und Lehre auch Punkte für gute Beiträge zur Gruppe eingeführt, die Kooperation, Zusammenarbeit und Hilfsbereitschaft besonders belohnen. Schließlich wird auch die Gruppe als Ganzes für gute Leistungen belohnt: Weil die finanziellen Zuweisungen an die Gruppe vor allem von der Anzahl der Studierenden und Doktoranden abhängen, wird die Gruppe bei einer guten Ausbildung und steigenden Studierendenzahlen belohnt. Dies hat auch damit zu tun, dass der „Markt" in England schnell reagiert. Wichtig ist die hohe Qualität der Aston Business School. Sie ist von allen wichtigen Akkreditierungsgremien akkreditiert und erreicht konsistent gute bis sehr gute Ergebnisse in den nationalen wie internationalen Lehr- und Forschungsrankings. In Großbritannien kommt sie fast immer unter die TOP 5 Universitäten. Diese Qualität zieht Studierende an, was wiederum das Einkommen der Aston Business School steigert und durch die zusätzlichen Mittel profitieren die Gruppen.

3. *In der Lehre steht jeder allein vor seinen Studierenden.* Wie in fast allen universitären Ausbildungen in anderen Ländern, findet der Unterricht natürlich auch in Aston vorwiegend mit einem Dozenten und vielen Studierenden statt. Es gibt allerdings, neben dem Peer-review-System (siehe oben), eine starke Orientierung zur Teamarbeit auch in der Lehre. Dies äußert sich zum einen darin, dass viele Module von zwei oder mehr Dozenten betreut werden. Diese Teams teilen die wöchentlichen Sitzungen nach eigenen Schwerpunkten auf, bereiten die Veranstaltung gemeinsam vor, teilen sich die Korrekturarbeit usw. Zum anderen findet sich echtes Teamwork überall dort, wo Module mehrfach für verschiedene Studiengänge angeboten werden – der Organisational Behavior-Kurs, als zentrale Veranstaltung für alle Masterprogramme, wird zum Beispiel sechsmal

parallel angeboten und die sechs beteiligten Dozenten bereiten die Inhalte, Klausuren etc. wiederum gemeinsam vor, springen gegenseitig füreinander ein und stellen sich gegenseitig neues Material usw. zur Verfügung. Schließlich werden in regelmäßigen Teaching Meetings nicht nur die Lehrpläne abgestimmt (siehe oben), sondern auch Best-practice-Methoden ausgetauscht. Diese Teaching Meetings finden auf Teamebene und auch auf Ebene der gesamten Business School statt.

4. *Wo bringt man so viele Menschen unter?* Ein echtes Problem für eine Gruppe dieser Größe ist die ganz praktische Frage, wo man z. B. ein Meeting mit dem gesamten Team abhalten kann. Durch ein entsprechend großes Angebot an Seminarräumen ist es natürlich in einer Universität kein ernsthaftes Problem, einen Raum zu finden – diese sind allerdings oft am anderen Ende der Gebäude, man verliert Zeit, dorthin zu gelangen, kann den Raum oft nur unzureichend vorbereiten und vor allem nichts „speichern", indem z. B. im Meeting erstellte Flipcharts nicht einfach hängen gelassen werden können. Folgende Lösung wurde gefunden: Im Rahmen eines seit längerem beschlossenen Umzuges der gesamten Gruppe verzichteten alle Mitarbeiter (inklusive der Professoren) auf die gewohnte Fläche im eigenen Büro. Der so gewonnene Raum im eigenen Arbeitsbereich des Teams wird für soziale Funktionen genutzt, es ist eine Küche vorhanden, es gibt mehrere kleine Besprechungsräume und (durch teilweise flexible Wände) die Möglichkeit für einen großen Besprechungsraum, der für Meetings mit der gesamten Gruppe ausreicht. Wichtig ist, dass der Umbauprozess von der ersten Grobplanung bis hin zur spezifischen Gestaltung von Teppichen, Wandfarben und Mobiliar durch die Gruppe selbst überwacht wurde, d. h. es gab regelmäßige Treffen mit den Architekten und der ganzen Gruppe – so hatte jeder ständig einen Überblick und die Möglichkeit, Vorschläge zu machen.

5. *Was gibt es außerhalb des Teams?* Gute Teamarbeit und ein starkes Zusammengehörigkeitsgefühl innerhalb des Teams bergen die Gefahr, dass man andere Teams als Konkurrenten erlebt und die Zusammenarbeit meidet oder sogar boykottiert. Wichtig ist daher für das Team, sich von Zeit zu Zeit zu vergegenwärtigen, dass man nicht alleine die Business School bildet. In den Away Days auf Ebene der gesamten Business School wird immer wieder darauf hingewiesen, dass die Strategien und Visionen der Aston Business School nur erreicht werden können, wenn alle Gruppen an einem Strang ziehen und gute Lehre und Forschung betreiben. Daher gibt es eine starke Vernetzung mit anderen Teams. Zum Beispiel lädt man sich in den Forschungskolloquien regelmäßig gegenseitig ein, um sich interdisziplinär auszutauschen. Ein anderes Beispiel stellen die monatlichen Treffen der Research Convenor aller Gruppen dar, in denen Best-practice-Methoden ausgetauscht und gemeinsame Ideen für die Forschung entwickelt werden. Auf Ebene der Business School sorgen die bereits erwähnten Gremien (Strategic Forum, School Board und Management Committee) dafür, dass man gemeinsam an den übergeordneten Strategien und Zielen

arbeitet. Welche Probleme auftreten können, wenn sich gewohnte Unterstützungssysteme ändern, sieht man am Beispiel des IT-Supports. Traditionell hatte jede School der Universität eine eigene IT-Abteilung, d. h. Personen, die als Ansprechpartner vor Ort, also im gleichen Gebäude saßen und die man persönlich kannte. Für jeden der vier großen Bereiche (z. B. Aston Business School, School of Engineering usw.) gab es eine solche Abteilung mit jeweils 3 bis 5 Angestellten. Diese Mitarbeiter halfen bei der Auswahl und Beschaffung von Computerhardware, bei der Installation und Einrichtung von Software und natürlich bei der Fehlerbeseitigung. Aufgrund von Kostensenkungsbemühungen wurde irgendwann beschlossen, alle Abteilungen zu einer zentralen IT-Abteilung zusammenzufassen und im Zuge der Zusammenlegung wurden einige Mitarbeiter entlassen. Sehr schnell stellte sich aber heraus, dass die fehlende Nähe zu großen Problemen führte. In den einzelnen Bereichen gab es unterschiedliche Systeme (z. B. Server, Netzwerke), die nicht von allen IT-Mitarbeitern gleichermaßen gut bedient werden konnten und die zentrale Struktur war einfach langsamer – auch durch das geringere Personal. Dies führte schnell zu Unzufriedenheit der Teammitglieder – zum einen, weil Rechnerbeschaffungen oder Fehlerbehebungen mit Problemen und Verzögerungen durchgeführt wurden, zum anderen aber auch, weil man sich mit den entlassenen IT-Spezialisten solidarisch fühlte. Als Lösung wurden schließlich die zuvor entlassenen Mitarbeiter auf teuren Beraterverträgen als externe Mitarbeiter wieder eingestellt.

Zusammenfassend ist festzuhalten, dass die Teamarbeit im Großen und Ganzen gut funktioniert. Dies beruht zum einen darauf, dass es ein Gefühl für die Notwendigkeit der Kooperation bei den einzelnen Teammitgliedern gibt. Zum anderen beruht es aber auch entscheidend darauf, dass die Organisation Ressourcen zur Verfügung stellt, Freiräume gewährt und bei Problemen unterstützt. Wo diese Ressourcen ausreichend zur Verfügung stehen (zum Beispiel für die Durchführung der Away Days zur Reflexion) funktioniert alles besonders gut, während dort, wo Ressourcen eingeschränkt werden (wie am Beispiel der IT dargestellt), auch sofort die Zufriedenheit und Leistungsfähigkeit des Teams leidet.

5.2 Arbeiten in echten Teams versus „Pseudo"-Teams im britischen Gesundheitssystem

Teamarbeit im Gesundheitsbereich

Teamwork spielt auch in der medizinischen Versorgung eine immer größere Rolle. Ärzte, Krankenschwestern und Krankenpfleger sowie technisches Personal und Verwaltungsmitarbeiter müssen sich koordinieren – nicht nur im Moment einer Operation oder anderen Behandlung, sondern von der Einlieferung bis zur Entlassung des Patienten. Diese Fallstudie zeigt die Vorteile echter Teamarbeit, aber auch die Nachteile auf, die entstehen, wenn

Teams zwar formal existieren, aber nicht nach den Regeln aufgestellt sind, die echtes Teamwork ausmachen. Das Gesundheitssystem in Großbritannien (das National Health System, NHS) ist einer der weltweit größten Arbeitgeber mit ca. 1,4 Millionen Beschäftigten. Oberstes Ziel der Arbeit aller Mitarbeiterinnen und Mitarbeiter ist mehr oder weniger unmittelbar das Wohlergehen der Patienten.

Im NHS werden jährlich Befragungen aller Angestellten durchgeführt, um die Einstellungen der Mitarbeiterinnen und Mitarbeiter zu Themen wie Arbeitsbedingungen, Qualität der Führung, Rahmenbedingungen und Qualität ihrer Arbeit zu ermitteln. Jährlich nehmen daran etwa 300.000 Mitarbeiterinnen und Mitarbeiter aller Berufsgruppen (Ärzte, Pflegepersonal, sonstiges Personal aus Verwaltung, Technik usw.) teil. Die Daten werden von Michael West und seinem Team ausgewertet und bilden die Grundlage für die Auswahl und Evaluierung von Verbesserungsmaßnahmen. Es zeigt sich, dass mehrere Instrumente der Personalarbeit, vor allem regelmäßige Mitarbeitergespräche und ein gut strukturiertes Fortbildungssystem (d. h. haben alle Gruppen Zugang zu Trainings; werden regelmäßig Trainingsbedarfsanalysen durchgeführt usw.), mit geringerer Patientensterblichkeit zusammenhängen – gute Personalarbeit zahlt sich also aus.

Eine einfache Frage, die in jedem Jahr gestellt wird, ist „Arbeiten Sie in einem Team?" und typischerweise antworten ca. 90 % der Befragten mit „Ja". Wenn man sich die Befunde zum Zusammenhang zwischen Ausmaß an Teamwork und Patientensterblichkeit anschaut (siehe Abschnitt 1.5.1), erscheint dieser hohe Prozentsatz sehr gut. Allerdings werden die Beschäftigten noch mit drei weiteren Fragen genauer befragt. Alle, die auf die erste Frage, ob sie überhaupt in einem Team arbeiten, mit „Ja" antworten, bekommen anschließend die folgenden Fragen vorgelegt: „Hat Ihr Team klare Ziele?", „Arbeiten Sie eng zusammen, um diese Ziele zu erreichen?", „Treffen Sie sich regelmäßig, um Ihre Leistungsfähigkeit zu reflektieren und mögliche Verbesserungen zu diskutieren?".

Anschließend wurden die Befragten in zwei Gruppen eingeteilt, nämlich diejenigen, die gar nicht im Team arbeiten (10 %), diejenigen, die sagen, sie arbeiten in einem Team und die auch die weiteren drei Fragen alle mit „Ja" beantworten (40 %) und diejenigen, die zwar angeben, im Team zu arbeiten, aber mindestens eine der drei Zusatzfragen mit „Nein" beantworten (ca. 50 % aller Befragten). Diese dritte Gruppe nennt West *Pseudoteams*. West und Kollegen haben dann die Daten der Befragungen zu anderen Daten in Beziehung gesetzt und zeigen, dass je größer der Anteil an Pseudoteams in den einzelnen Krankenhäusern ist, umso höher ist auch die Zahl der Verletzungen (z. B. durch Nadeln oder durch Stürze), umso höher ist die Zahl beobachteter Fehler (die potenziell oder tatsächlich Patienten gefährden), umso häufiger werden Beschäftigte von Patienten angegriffen und umso häufiger kommt es unter den Beschäftigten zu Mobbing.

Abbildung 13 zeigt zunächst die Zusammenhänge zwischen den verschiedenen Stufen der Teamarbeit und Übergriffen durch Kollegen und Patienten. In der Abbildung stellt die Gruppe, die sagt, sie würde gar nicht im Team arbeiten, die Grundrate (100) dar und die anderen vier Formen beschreiben die erhöhte bzw. reduzierte Wahrscheinlichkeit für Übergriffe im Verhältnis zu dieser „Baseline". In Teams, in denen die Mitarbeiter zwar sagen, sie würden einem Team angehören, aber in denen alle drei Zusatzfragen mit „Nein" beantwortet werden (Pseudo III), steigt die Wahrscheinlichkeit für Übergriffe durch Kollegen auf mehr als das Doppelte und bleibt auch in den Gruppen mit zwei (Pseudo II) bzw. einer mit „Nein" beantworteten Frage (Pseudo I) deutlich über dem Ausgangswert.

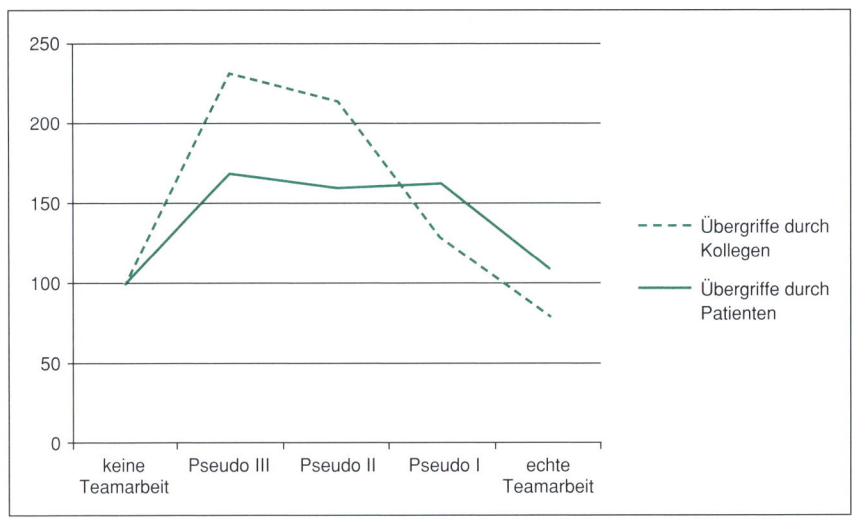

Abbildung 13:
Zusammenhang zwischen verschiedenen Formen der Teamarbeit und Übergriffen durch Patienten und Kollegen

In Abbildung 14 sind die Zusammenhänge für die Wahrscheinlichkeit von Fehlern und für das Stresserleben dargestellt. Auch hier steigt die Wahrscheinlichkeit für Fehler und auch der Stress in den drei Pseudogruppen gegenüber den Ausgangswerten dramatisch an. Die Daten basieren, wie auch in Abbildung 13, auf Befragungen von 120.000 Mitarbeitern in über 170 Krankenhäusern.

Es zeigt sich also klar, dass es besser ist, gar nicht in einem Team zu arbeiten als zwar formal einem Team zugeordnet zu sein, aber nicht die Teammerkmale zu haben, die echte Teams ausmachen. Schon wenn einer der Bestandteile (klare Ziele, gemeinsame Zielerreichung, regelmäßige Reflexion) fehlt, steigen Fehler, Stress und Übergriffe – fehlen zwei oder drei der Merkmale, wird es besonders schlimm.

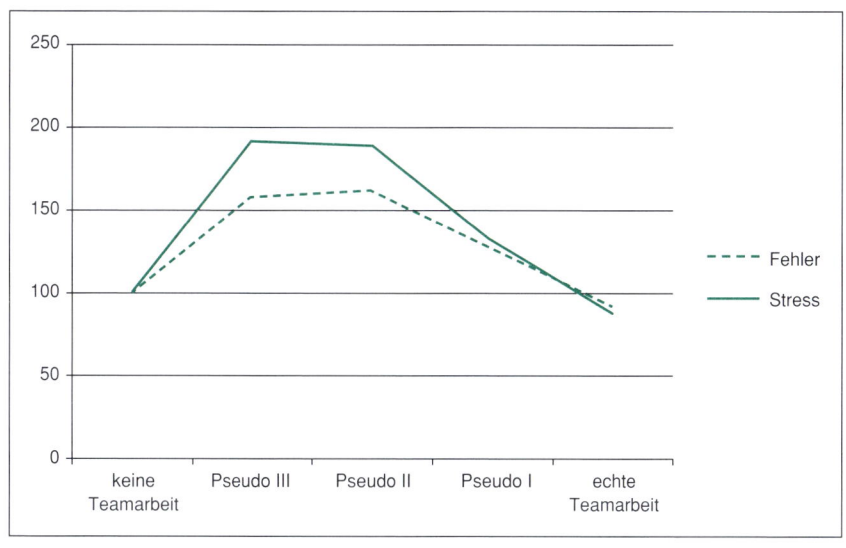

Abbildung 14:
Zusammenhang zwischen verschiedenen Formen der Teamarbeit und Fehlern sowie selbstberichtetem Stress

Das Gegenteil zeigt sich für die Anzahl von Beschäftigten in echten Teams – je mehr Beschäftigte im Team arbeiten, umso geringer ist die Zahl an Verletzungen und Fehlern, umso seltener sind Angriffe von Patienten oder unter den Beschäftigten. Und, besonders wichtig und bereits in Kapitel 1.5 kurz dargestellt, umso geringer ist die Patientensterblichkeit. Auch wenn der Zusammenhang zwischen dem Ausmaß an Teamarbeit nicht im Sinne eines strengen Experiments kausal interpretiert werden kann, liegt die Vermutung nahe, dass die Teamarbeit dazu führt, dass weniger Unfälle passieren und mehr miteinander kommuniziert wird. Dies wiederum könnte die Ursache für die reduzierte Patientensterblichkeit sein. Legt man also eine Wirkrichtung von der Teamarbeit auf reduzierte Patientensterblichkeit zugrunde, kann man folgende Berechnung anstellen: Würden in einem Krankenhaus zusätzliche 5 % der Beschäftigten in echten Teams arbeiten, würden jährlich etwa 3 % weniger Patienten (dies wären im Durchschnitt 40 Patienten pro Krankenhaus) weniger sterben. Ähnlich verhält es sich schließlich mit Fehlzeiten. Die Befragungen von Michael West haben auch hier einen klaren Zusammenhang zwischen Fehlzeiten und dem Ausmaß an echter Teamarbeit ergeben: Würden nur 5 % der Mitarbeiter mehr in echten Teams arbeiten, würde dies die Fehlzeiten um 2,7 % reduzieren – was einer Einsparung von etwa einer Million Pfund für ein durchschnittliches Krankenhaus entsprechen würde.

6 Literaturempfehlung

Cannon-Bowers, J.A. & Bowers, C. (2011). Team development and functioning. In S. Zedeck (Ed.). *Handbook of Industrial and Organizational Psychology* (pp. 597–650). Washington: APA.

Hertel, G. & Konradt, U. (2007). *Telekooperation und virtuelle Teamarbeit*. München: Oldenbourg.

Lüthi, E., Oberpriller, H., Loose, A. & Orths, S. (2009). *Teamentwicklung mit Diversity Management. Methoden-Übungen und Tools*. Bern: Haupt.

Wegge, J. (2004). *Führung von Arbeitsgruppen*. Göttingen: Hogrefe.

7 Literatur

Allen, N. J. & Hecht, T. D. (2004). „The romance of teams": Toward an understanding of its psychological underpinnings and implications. *Journal of Occupational and Organizational Psychology, 77,* 439–461.

Amabile, T. M. (1997). Motivating creativity in organizations: On doing what you love and love what you do. *California Management Review, 40,* 39–58.

Anderson, N. & West, M. A. (1994). *The Team Climate Inventory: Manual and user's guide.* Windsor: ASE Press.

Antoni, C. H. (1994). Gruppenarbeit – mehr als ein Konzept. Darstellung und Vergleich unterschiedlicher Formen der Gruppenarbeit. In C. H. Antoni (Hrsg.), *Gruppenarbeit in Unternehmen* (S. 19–48). Weinheim: Beltz.

Antoni, C. H. (2000). *Teamarbeit gestalten. Grundlagen, Analysen, Lösungen.* Weinheim: Beltz.

Applebaum, E. & Batt, R. (1994). *The new American workplace.* Ithaca: ILR Press.

Armstrong, M. (2000). *Rewarding teams.* London: CIPD.

Ashforth, B. E. & Mael, F. (1989). Social Identity Theory and the organization. *Academy of Management Review, 14,* 20–39.

Bamberger, P. & Biron, M. (2007). Social comparison and absenteeism: Explaining the impact of referent norms on employee excessive absenteeism. *Organizational Behavior and Human Decision Processes, 103,* 179–196.

Beal, D. J., Cohen, R. R., Burke, M. J. & McLendon, C. L. (2003). Cohesion and performance in groups: A meta-analytic clarification of construct relations. *Journal of Applied Psychology, 88,* 989–1004.

Beck, D. & Fisch, R. (2003). Entwicklung der Zusammenarbeit nach Belbins Teamrollenansatz. In S. Stumpf & A. Thomas (Hrsg.), *Teamarbeit und Teamentwicklung* (S. 317–340). Göttingen: Hogrefe.

Becker-Beck, U. & Schneider, J. (2003). Zur Rolle von Feedback im Rahmen von Teamentwicklungsprozessen. In S. Stumpf & A. Thomas (Hrsg.), *Teamarbeit und Teamentwicklung* (S. 241–264). Göttingen: Hogrefe.

Becker, F. G. & Kramarsch, M. H. (2006). *Leistungs- und erfolgsorientierte Vergütung für Führungskräfte.* Göttingen: Hogrefe.

Belbin, R. M. (1993). *Team roles at work: A strategy for human resource management.* Oxford: Butterworth Heinemann.

Belbin, R. M. (2010). *Management teams: Why they succeed or fail* (3rd revised edition). Oxford: Butterworth Heinemann.

Bell, S. T. & Manrette, B. J. (2011). Team viability for long-term and ongoing organizational teams. *Organizational Psychology Review, 1,* 275–292.

Bergmann, G. (2003). Diagnostik und Intervention bei Teamentwicklung. In S. Stumpf & A. Thomas (Hrsg.), *Teamarbeit und Teamentwicklung* (S. 201–215). Göttingen: Hogrefe.

Blakar, R. M. (1985). Towards a theory of communication in terms of preconditions: A conceptual framework and some empirical explorations. In H. Giles & R. N. St. Clair (Eds.), *Recent advances in language, communication, and social psychology* (pp. 10–40). London: Erlbaum.

Bluedorn, A. C., Turban, D. B. & Love, M. S. (1999). The effects of stand-up and sit-down meeting formats on meeting outcomes. *Journal of Applied Psychology, 84,* 277–285.

Borrill, C. S. & West, M. A. (ohne Jahr, a). *How good is your team? A guide for team members.* Birmingham: Aston Centre for Health Service Organisation Research.

Borrill, C. S. & West, M. A. (ohne Jahr, b). *Developing team working in health care. A guide for managers*. Birmingham: Aston Centre for Health Service Organisation Research.

Borrill, C. S. & West, M. A. (2003). *Effective human resource management & lower patient mortality*. Birmingham: Aston Business School.

Boydell, T. & Leary, M. (1996). *Identifying training needs*. London CIPD.

Brauner, E. (2003). Informationsverarbeitung in Gruppen: Transaktive Wissenssysteme. In S. Stumpf & A. Thomas (Hrsg.), *Teamarbeit und Teamentwicklung* (S. 58–83). Göttingen: Hogrefe.

Brodbeck, F. C. (1996). Criteria for the study of work group functioning. In M. A. West (Ed.), *Handbook of work group psychology* (pp. 285–315). Chichester: Wiley.

Brodbeck, F. C. (2004). Analyse von Gruppenprozessen und Gruppenleistung. In H. Schuler (Hrsg.), *Lehrbuch der Organisationspsychologie* (3. Auflage, S. 415–438). Bern: Huber.

Brodbeck, F. C., Anderson, N. & West, M. A. (2000). *Teamklima-Inventar (TKI)*. Göttingen: Hogrefe.

Brodbeck, F. C., Frese, M. & Javidan, M. (2002). Leadership Made in Germany: Low on compassion, high on performance. *Academy of Management Executive, 16*, 16–29.

Brodbeck, F. C., Kerschreiter, R., Mojzisch, A. & Schulz-Hardt, S. (2007). Improving group decision making under conditions of distributed knowledge: The information asymmetries model. *Academy of Management Review, 32*, 459–479.

Brodbeck, F. C., Kerschreiter, R., Mojzisch, A., Frey, D. & Schulz-Hardt, S. (2002). The dissemination of critical, unshared information in decision making groups: The effects of pre-discussion dissent. *European Journal of Social Psychology, 32*, 35–56.

Brodbeck, F. C. & Maier, G. W. (2001). Das Teamklima-Inventar für Innovation in Gruppen: Psychometrische Überprüfung an einer deutschen Stichprobe. *Zeitschrift für Arbeits- und Organisationspsychologie, 45*, 59–73.

Buchanan, D. & Huczynski, A. (2004). *Organizational behavior* (5th edition). Essex: Pearson.

Burke, C. S., Stagl, K. C., Salas, E., Pierce, L. & Kendall, D. (2006). Understanding team adaptation: A conceptual analysis and model. *Journal of Applied Psychology, 91*, 1189–1207.

Burns, J. M. (1978). *Leadership*. New York: Harper & Row.

Butcher, D. & Bailey, C. (2000). Crewed awakenings. *People Management, 6*, 35–37.

Cannon-Bowers, J. A. & Bowers, C. (2011). Team development and functioning. In S. Zedeck (Ed.). *Handbook of Industrial and Organizational Psychology* (pp. 597–650). Washington: APA

Cannon-Bowers, J., Bowers, C. & Sanchez, A. (2008). Using synthetic learning environments to train teams. In V. Sessa & M. London (Eds.), *Work group learning: Understanding, improving and assessing how groups learn in organizations* (pp. 315–346). New York: Erlbaum.

Carder, S. & Gunter, L. (2001). Can you hear me? Corporate America's communication with dissatisfied customers. *Journal of American Culture, 24*, 109–112.

Chhokar, J., Brodbeck, F. C. & House, R. (2008). *Culture and leadership across the world: The GLOBE Book of in-depth studies of 25 societies*. Mahwah, NJ: LEA Publishers.

Christ, O., van Dick, R., Wagner, U. & Stellmacher, J. (2003). When teachers go the extra-mile: Foci of organisational identification as determinants of different forms of organisational citizenship behaviour among schoolteachers. *British Journal of Educational Psychology, 73*, 329–341.

Deaton, J., Bell, B. B., Fowlkes, J. E., Bowers, C. A., Jentsch, F. G. & Bell, M. A. (2007). Enhancing team training and performance with automated performance assessment tools. *International Journal of Aviation Psychology, 17*, 317–331.

De Dreu, C. K. W. & van Vianen, A. E. M. (2001). Responses to relationship conflicts and team effectiveness. *Journal of Organizational Behavior, 22,* 309–328.

Driskell, J. E., Radtke, P. H. & Salas, E. (2003). Virtual teams: Effects of technological mediation on team performance. *Group Dynamics, 7,* 297–323.

Dutton, J. E., Dukerich, J. M. & Harquail, C. V. (1994). Organizational images and member identification. *Administrative Science Quarterly, 39,* 239–263.

Eden, D. (1990). Pygmalion without interpersonal contrast effects: Whole group gain from raising manager expectations. *Journal of Applied Psychology, 75,* 394–398.

Erez, A., Elms, H. & Fong, E. A. (2005, August). *Lying, cheating, stealing: Groups and the ring of gyges.* Paper presented at the annual meeting of the Academy of Management Annual Meeting, Honolulu, Hawaii.

Erez, M. & Somech, A. (1996). Is group productivity loss the rule or the exception? Effects of culture and group-based motivation. *Academy of Management Journal, 39,* 1513–1537.

Escartin, J., Ullrich, J., Zapf, D., Schlüter, E. & van Dick, R. (in press). The Buffering Effect of Identification on Workplace Bullying: A Multilevel Study. *European Journal of Work and Organizational Psychology.*

Fisch, R. & Beck, D. (2003). Teamdiagnose und -entwicklung im Rahmen des SYMLOG-Ansatzes. In S. Stumpf & A. Thomas (Hrsg.), *Teamarbeit und Teamentwicklung* (S. 341–356). Göttingen: Hogrefe.

Fjermestad, J. & Hiltz, S. R. (1998). An assessment of group support systems experimental research. *Journal of Management Information Systems, 15,* 7–150.

Fjermestad, J. & Hiltz, S. R. (2000). Group support systems: A descriptive evaluation of case and field studies. *Journal of Management Information Systems, 17,* 115–160.

Frey, D. & Schulz-Hardt, S. (2000). (Hrsg.). *Vom Vorschlagswesen zum Ideenmanagement.* Göttingen: Hogrefe.

Gersick, C. J. G. (1988). Time and transition in work teams: Toward a new model of group development. *Academy of Management Journal, 31,* 9–41.

Gersick, C. J. G. (1989). Marking time: Predictable transitions in task groups. *Academy of Management Journal, 32,* 274–309.

Glomb, T. M. & Liao, H. (2003). Interpersonal aggression in work groups: Social influence, reciprocal, and individual effects. *Academy of Management Journal, 46,* 486–496.

Gottschall, A. (2003). Schwierigkeiten in der Zusammenarbeit sind Chancen. In S. Stumpf & A. Thomas (Hrsg.), *Teamarbeit und Teamentwicklung* (S. 507–521). Göttingen: Hogrefe.

Graf, M. M., van Quaquebeke, N. & van Dick, R. (2011). Two independent value orientations: Ideal- and counter-ideal leader values and their impact on followers' respect for and identification with their leaders. *Journal of Business Ethics, 104,* 185–195.

Guzzo, R. A. & Dickson, M. W. (1996). Teams in organizations: Recent research on performance and effectiveness. *Annual Review of Psychology, 47,* 307–338.

Hackman, J. R. (1987). The design of work teams. In J. W. Lorsch (Ed.), *Handbook of organizational behavior* (pp. 315–342). Englewood Cliffs: Prentice Hall.

Hackman, J. R. (1990). *Groups that work and those that don't.* San Francisco: Jossey-Bass.

Hackman, J. R. & Oldham, G. R. (1980). *Work redesign.* Reading, MA: Addison-Wesley.

Häusser, J. A., Kattenstroth, M., van Dick, R. & Mojzisch, A. (2012). ‚We' are not stressed. Social identity in groups buffers neuroendocrine stress reactions. *Journal of Experimental Social Psychology, 48,* 973–977.

Haslam, S. A. (2004). *Psychology in organizations: the social identity approach* (2nd ed.). London: Sage Publications.

Haslam, S.A., Ryan, M.K., Postmes, T., Spears, R., Jetten, J. & Webley, P. (2006). Sticking to our guns: Social identity as a basis for the maintenance of commitment to faltering organizational projects. *Journal of Organizational Behavior, 27,* 607–628.
Haslam, S.A. & van Dick, R. (2011). A social identity analysis of organizational well-being. In D. De Cremer, R. van Dick & K. Murnighan (eds.), *Social psychology and organizations* (pp. 325–352). New York: Taylor & Francis.
Hennessy, J. & West, M.A. (1999). Intergroup behavior in organizations: A field test of social identity theory. *Small Group Research, 30,* 261–382.
Hertel, G., Geister, S. & Konradt, U. (2005). Managing virtual teams: A review of current empirical research. *Human Resource Management Review, 15,* 69–95.
Hertel, G., Kerr, N.L. & Messé, L.A. (2000). Motivation gains in groups: Paradigmatic and theoretical advances on the Koehler effect. *Personality and Social Psychology Bulletin, 79,* 580–601.
Hertel, G. & Konradt, U. (2007). *Telekooperation und virtuelle Teamarbeit.* München: Oldenbourg.
Hertel, G., Konradt, U. & Voss, K. (2006). Competencies for virtual teamwork: Development and validation of a web-based selection tool for members of distributed teams. *European Journal of Work and Organizational Psychology, 15,* 477–505.
Hirst, G., van Dick, R. & van Knippenberg, D. (2009). A social identity perspective on leadership and employee creativity. *Journal of Organizational Behavior, 30,* 963–982.
Hofstede, G. (1991). *Cultures and organizations: Software of the mind.* London: McGraw-Hill.
Horn-Heine, K. (2003). Prozessorientiertes Vorgehen in der Teamentwicklung. In S. Stumpf & A. Thomas (Hrsg.), *Teamarbeit und Teamentwicklung* (S. 299–316). Göttingen: Hogrefe.
Hossiep, R., Bittner, J.E. & Berndt, W. (2008). *Mitarbeitergespräche – motivierend, wirksam, nachhaltig.* Göttingen: Hogrefe.
Hossiep, R. & Mühlhaus, O. (2005). *Personalauswahl und -entwicklung mit Persönlichkeitstests.* Göttingen: Hogrefe.
House, R.J., Hanges, P.J., Javidan, M., Dorfman, P.W. & Gupta, V. (2004). *Culture, Leadership, and Organizations: The GLOBE Study of 62 Societies.* Thousand Oaks: Sage.
Hunter, J.E., Schmidt, F.L. & Jackson, G.B. (1982). *Meta-analysis: Cumulating research findings across studies.* Beverly Hills: Sage.
Huselid, M.A. (1995). The impact of human resource management practices on turnover, productivity, and corporate financial performance. *Academy of Management Journal, 38,* 635–672.
Ingham, A.G., Levinger, G., Graves, J. & Peckham, V. (1974). The Ringelmann effect: Studies of group size and group performance. *Journal of Experimental Social Psychology, 10,* 371–384.
Janis, I.L. (1982). *Victims of groupthink* (2nd edition). Boston: Houghton Mifflin.
Jehn, K. (1997). A qualitative analysis of conflict types and dimensions in organizational groups. *Administrative Science Quarterly, 42,* 530–557.
Kanning, U.P. (2005). *Soziale Kompetenzen.* Göttingen: Hogrefe.
Kanning, U.P. & Holling, H. (2002). (Hrsg.). *Handbuch personaldiagnostischer Instrumente.* Göttingen: Hogrefe.
Karau, S.J. & Williams, K.D. (1993). Social loafing: a meta-analytic review and theoretical integration. *Journal of Personality and Social Psychology, 65,* 681–706.
Kauffeld, S. (2001). *Teamdiagnose.* Göttingen: Hogrefe.
Kauffeld, S. (2003). Gruppensitzungen unter der Lupe – Das Kasseler Kompetenz-Raster als prozessanalytische Diagnosemethode zur Teamentwicklung. In S. Stumpf & A. Thomas (Hrsg.), *Teamarbeit und Teamentwicklung* (S. 389–406). Göttingen: Hogrefe.

Kauffeld, S. (2004). *Fragebogen zur Arbeit im Team (FAT)*. Göttingen: Hogrefe.
Kauffeld, S. (2006). *Kompetenzen messen, bewerten, entwickeln*. Stuttgart: Schäffer-Poeschel.
Kauffeld, S. & Grote, S. (2003). Teamentwicklung mit dem Fragebogen zur Arbeit im Team (F-A-T). In S. Stumpf & A. Thomas (Hrsg.), *Teamarbeit und Teamentwicklung* (S. 375–389). Göttingen: Hogrefe.
Kauffeld, S. & Lehmann-Willenbrock, N. (2008). Teamdiagnose und Teamentwicklung. In I. Jöns (Hrsg.), *Erfolgreiche Gruppenarbeit. Konzepte, Instrumente, Erfahrungen* (S. 30–41). Wiesbaden: Gabler.
Kerr, N. L. & Tindale, R. S. (2004). Group performance and decision making. *Annual Review of Psychology, 55,* 623–655.
Kerschreiter, R., Mojzisch, A., Schulz-Hardt, S., Brodbeck, F. C. & Frey, D. (2003). Informationsaustausch bei Entscheidungsprozessen in Gruppen: Theorie, Empirie und Implikationen für die Praxis. In S. Stumpf & A. Thomas (Hrsg.), *Teamarbeit und Teamentwicklung* (S. 85–117). Göttingen: Hogrefe.
Kleinbeck, U. (2006). Das Management von Arbeitsgruppen. In H. Schuler (Hrsg.), *Lehrbuch der Personalpsychologie* (S. 651–670). Göttingen: Hogrefe.
Konradt, U. & Hertel, G. (2002). *Management virtueller Teams*. Weinheim: Beltz.
Krause, D. E. (2011). *Trends in der internationalen Personalauswahl*. Göttingen: Hogrefe.
Krüger, W. (2009). *Teams führen* (5. Aufl.). Freiburg: Haufe.
Kühlmann, T. M. (2004). *Auslandseinsatz von Mitarbeitern*. Göttingen: Hogrefe.
Levine, R. V., West, L. J. & Reis, H. T. (1980). Perceptions of time and punctuality in the US and Brazil. *Journal of Personality and Social Psychology, 38,* 541–550.
Lewin, K. (1946). Action research and minority problems. *Journal of Social Issues, 2,* 34–46.
Lohaus, D. (2009). *Leistungsbeurteilung*. Göttingen: Hogrefe.
Lüthi, E., Oberpriller, H., Loose, A. & Orths, S. (2009). *Teamentwicklung mit Diversity Management. Methoden-Übungen und Tools*. Bern: Haupt.
Macy, B. A. & Izumi, H. (1993). Organizational change, design, and work innovation: A meta-analysis of 131 North American field studies – 1961–1991. *Research in Organizational Change and Development, 7,* 235–313.
Maier, N. R. F. (1970). *Problem-solving discussions and conferences: Leadership methods and skills*. Monterrey: Brooks/Cole.
Maier, N. R. F. & Solem, A. R. (1962). Improving solutions by turning choice situations into problems. *Personnel Psychology, 15,* 151–157.
Marks, M. A., Mathieu, J. E. & Zaccaro, S. J. (2001). A temporally based framework and taxonomy of team processes. *Academy of Management Review, 26,* 355–376.
Marrow, A. J. (1964). Risks and uncertainties in action research. *Journal of Social Issues, 20,* 5–20.
Maslach, C. (1982). *Burnout – The cost of caring*. Englewood Cliffs: Prentice Hall.
Mathieu, J. E., Marks, M. A. & Zaccaro, S. J. (2001). Multiteam systems. In N. Anderson, D. S. Ones, H. K. Sinangil & C. Viswesvaran (Eds.), *Handbook of industrial, work & organizational psychology* (Vol. 2, pp. 289–313). London: Sage.
Millward, L. J., Haslam, S. A. & Postmes, T. (2007) Putting employees in their place: the Impact of 'hot-desking' on patterns of identification. *Organization Science, 18,* 1–13.
Mohammed, S., Cannon-Bowers, J. & Foo, S. (2010). Selection for team membership: A contingency and multilevel perspective. In J. L. Farr and N. T. Tippins (Eds.), *Handbook of Employee Selection* (pp. 801–822). New York: Routledge.
Mohrman, S. A., Cohen, S. G. & Mohrman, A. M. (1995). *Designing team-based organizations*. London: Jossey-Bass.

Moreland, R. L. & Levine, J. M. (1992). Problem identification by groups. In S. Worchel, W. Wood & J. A. Simpson (Eds.), *Group process and productivity* (pp. 17–48). Newbury Park: Sage.

Morgeson, F. P., Reider, M. H. & Campion, M. A. (2005). Selecting individuals in team settings: The importance of social skills, personality characteristics, and teamwork knowledge. *Personnel Psychology, 58,* 583–611.

Murnighan, J. K. (2012). *Do nothing! How to stop overmanaging and become a great leader.* New York: Portfolio.

Nemeth, C. J. (2011). Minority Influence Theory. In P. van Lange, A. Kruglanski & T. Higgins (Eds.), *Handbook of Theories in Social Psychology* (pp. 362–378). New York: Sage.

Nemeth, C. & Owens, J. (1996). Value of minority dissent. In M. A. West (Ed.), *Handbook of work group psychology* (pp. 125–142). Chichester: Wiley.

Nemeth, C. J., Rogers, J. D. & Brown, K. S. (2001). Devil's advocate versus authentic dissent: Stimulating quantity and quality. *European Journal of Social Psychology, 31,* 707–720.

Nerdinger, F. W. (2003). *Kundenorientierung*. Göttingen: Hogrefe.

Nerdinger, F. W. (2008). *Unternehmensschädigendes Verhalten erkennen und verhindern*. Göttingen: Hogrefe.

Podsakoff, P. M. & Todor, W. D. (1985). Relationships between leader reward and punishment behavior and group processes and productivity. *Journal of Management, 11,* 55–73.

Rauen, C. (2008). *Coaching* (2., aktualisierte Aufl.). Göttingen: Hogrefe.

Redlich, A. & Mironov, E. (2003). Die Handhabung von Konflikten im Rahmen von Teamentwicklung. In S. Stumpf & A. Thomas (Hrsg.), *Teamarbeit und Teamentwicklung* (S. 265–296). Göttingen: Hogrefe.

Regnet, E. (2007). *Konflikt und Kooperation*. Göttingen: Hogrefe.

Richter, A., West, M. A., van Dick, R. & Dawson, J. F. (2006). Boundary spanners' identification, intergroup contact and effective intergroup relations. *Academy of Management Journal, 49,* 1252–1269.

Riketta, M. (2005). Organizational identification: A meta-analysis. *Journal of Vocational Behavior, 66,* 358–384.

Riketta, M. & van Dick, R. (2005). Foci of attachment in organizations: A meta-analysis comparison of the strength and correlates of work-group versus organizational commitment and identification. *Journal of Vocational Behavior, 67,* 490–510.

Robbins, S. P. & Judge, T. A. (2013). *Organizational behavior* (15th ed.). Upper Saddle River: Pearson Education.

Rogelberg, S. G., Barnes-Farrell, J. L. & Lowe, C. A. (1992). The Stepladder Technique: A structure facilitating effective group decision making. *Journal of Applied Psychology, 77* (5), 730–737.

Rogelberg, S. G., O'Connor, M. S. & Sederburg, M. (2002). Using the stepladder technique to facilitate the performance of audioconferencing groups. *Journal of Applied Psychology, 87,* 994–1000.

Rosen, M. A., Salas, E., Wilson, K. A., King, H. B., Salisbury, M., Augenstein, J. S., Robinson, D. W. & Birnbach, D. J. (2008). Measuring team performance for Simulation-based Training: Best practices for healthcare. *Simulation in Healthcare, 3,* 33–41.

Salas, E., Nichols, D. R. & Driskell, J. E. (2007). Testing three team training strategies in intact teams: A meta-analysis. *Small Group Research, 38,* 471–488.

Sarges, W. & Wottawa, H. (2004). (Hrsg.). *Handbuch wirtschaftspsychologischer Testverfahren. Band I: Personalpsychologische Instrumente* (2. Aufl.). Lengerich: Pabst-Verlag.

Sarges, W., Wottawa, H. & Roos, C. (2010). (Hrsg.). *Handbuch wirtschaftspsychologischer Testverfahren. Band II: Organisationspsychologische Instrumente*. Lengerich: Pabst-Verlag.

Schatz, S., Cannon-Bowers, J.A. & Bowers, C. (2006). An introduction to data visualizations and their effects on group decision-making and cognitive sharing. In C. Bowers, F. Jentsch & E. Salas (Eds.), *Creating high tech teams: Practical guidance on work performance & technology* (pp. 51–67). Washington, DC: APA Books.

Scherm, M. & Sarges, W. (2002). *360°-Feedback*. Göttingen: Hogrefe.

Schlund, M. (1994). Organisations- und Personalentwicklung für Produktionsinseln am Beispiel eines mittelständischen Unternehmens. In C.H. Antoni (Hrsg.), *Gruppenarbeit in Unternehmen* (S. 139–171). Weinheim: Beltz.

Schuler, H. (2006). (Hrsg.). *Lehrbuch der Personalpsychologie* (2. Aufl.). Göttingen: Hogrefe.

Schulz-Hardt, S., Greitemeyer, T., Brodbeck, F.C. & Frey, D. (2002). Sozialpsychologische Theorien zu Urteilen, Entscheidungen, Leistung und Lernen in Gruppen. In D. Frey & M. Irle (Hrsg.), *Theorien der Sozialpsychologie* (Band II, S. 13–46). Bern: Huber.

Simon, P. (2003). Wie sich Gruppen entwickeln: Modellvorstellungen zur Gruppenentwicklung. In S. Stumpf & A. Thomas (Hrsg.), *Teamarbeit und Teamentwicklung* (S. 35–55). Göttingen: Hogrefe.

Smith-Jentsch, K.A., Cannon-Bowers, J.A., Tannenbaum, S.I. & Salas, E. (2008). Guided team self-correction: Impacts on team mental models, behavior, and effectiveness. *Small Group Research, 39*, 303–327.

Spieß, E. (2003). *Effektiv kooperieren. Wie aus lauter Solisten ein erfolgreiches Orchester wird*. Weinheim: Beltz.

Stangor, C. (2004). *Social groups in action and interaction*. New York: Psychology Press.

Stegmann, S., van Dick, R., Ullrich, J., Charalambous, J., Menzel, B., Egold, N. & Wu, T. (2010). Der Work Design Questionnaire – Vorstellung und erste Validierung einer deutschen Version. *Zeitschrift für Arbeits- und Organisationspsychologie, 54*, 1–28.

Stumpf, S., Klaus, C. & Süßmuth, B. (2003). In S. Stumpf & A. Thomas (Hrsg.), *Teamarbeit und Teamentwicklung* (S. 144–165). Göttingen: Hogrefe.

Stumpf, S. & Thomas, A. (2003). Einleitung. In S. Stumpf & A. Thomas (Hrsg.), *Teamarbeit und Teamentwicklung* (S. IX–XXXV). Göttingen: Hogrefe.

Sundstrom, E.D., DeMeuse, K.P. & Futrell, D. (1990). Work teams: Applications and effectiveness. *American Psychologist, 45*, 120–133.

Thomas, K. (1992). Conflict and negotiation processes in organizations. In M.D. Dunnette & L.M. Hough (Eds.), *Handbook of industrial and organizational psychology* (Vol. 3, pp. 651–717). Palo Alto: Consulting Psychologists Press.

Thompson, L. (2003). Improving the creativity of organizational work groups. *Academy of Management Executive, 17*, 96–111.

Thompson, L. (2004). *Making the team. A guide for managers*. (2nd ed.). Upper Saddle River: Pearson.

Tjosvold, D. (1998). Cooperative and competitive goal approaches to conflict. *Applied Psychology: An International Review, 47*, 285–342.

Tuckman, B.W. (1965). Developmental sequences in small groups. *Psychological Bulletin, 63*, 348–399.

Tuckman, B.W. & Jensen, M.A.C. (1977). Stages of small group development revisited. *Group and Organisation Studies, 2*, 419–427.

Ullrich, J., Wieseke, J., Christ, O., Schulze, J. & van Dick, R. (2007). The identity matching principle: Corporate and organizational identification in a franchising system. *British Journal of Management, 18*, 29–44.

van Dick, R. (2004a). *Commitment und Identifikation in Organisationen*. Göttingen: Hogrefe.

van Dick, R. (2004b). My job is my castle: Identification in organizational contexts. In C. L. Cooper & I. T. Robertson (Eds.), *International Review of Industrial and Organizational Psychology* (Vol. 19, pp. 171–203). Chichester: Wiley.

van Dick, R., Christ, O., Stellmacher, J., Wagner, U., Ahlswede, O., Grubba, C., Hauptmeier, M., Höhfeld, C., Moltzen, K. & Tissington, P. A. (2004). Should I stay or should I go? Explaining turnover intentions with organizational identification and job satisfaction. *British Journal of Management, 15,* 351–360.

van Dick, R., Grojean, M. W., Christ, O. & Wieseke, J. (2006). Identity and the extra-mile: Relationships between organizational identification and organizational citizenship behaviour. *British Journal of Management, 17,* 283–301.

van Dick, R. & Haslam, S. A. (2012). Stress and well-being in the workplace: Support for key propositions from the social identity approach. In J. Jetten, C. Haslam & S. A. Haslam (Eds.), *The social cure: Identity, health, and well-being* (pp. 175–194). Hove and New York: Psychology Press.

van Dick, R., Stellmacher, J., Wagner, U. & Lemmer, G. & Tissington, P. A. (2009). Group membership salience and performance. *Journal of Managerial Psychology, 24,* 609–626.

van Dick, R., Tissington, P. A. & Hertel, G. (2009). Do many hands make light work? How to overcome social loafing and gain motivation in work teams. *European Business Review, 21,* 233–245.

van Dick, R., van Knippenberg, D., Hägele, S., Guillaume, Y. R. F. & Brodbeck, F. (2008). Group diversity and group identification: The moderating role of diversity beliefs. *Human Relations, 61,* 1463–1492.

van Dick, R. & Wagner, U. (2002). Social identification among school teachers: Dimensions, foci, and correlates. *European Journal of Work and Organizational Psychology, 11,* 129–149.

van Dick, R., Wagner, U., Stellmacher, J. & Christ, O. (2004). The utility of a broader conceptualization of organizational identification: Which aspects really matter? *Journal of Occupational and Organizational Psychology, 77,* 171–191.

van Knippenberg, D. (2003). Intergroup relations in organizations. In M. West, D. Tjosvold & K. G. Smith (Eds.), *International handbook of organizational teamwork and cooperative working* (pp. 381–400). Chichester: Wiley.

van Knippenberg, D., Haslam, S. A. & Platow, M. J. (2007). Unity through diversity: Value-in-diversity beliefs as moderator of the relationship between work group diversity and group identification. *Group Dynamics: Theory, Research, and Practice, 11,* 207–222.

van Knippenberg, D. & Schippers, M. C. (2007). Work group diversity. *Annual Review of Psychology, 58,* 515–541.

van Quaquebeke, N., Kerschreiter, R., Buxton, A. E. & van Dick, R. (2010). Two lighthouses to navigate – Effects of ideal and counter-ideal values on follower identification and satisfaction. *Journal of Business Ethics, 93,* 293–305.

Wagner, U. (2001). Intergruppenverhalten in Organisationen: Ein vernachlässigter Aspekt bei der Zusammenarbeit in Projektgruppen. In R. Fisch, D. Beck & B. Englich (Hrsg.), *Gruppen in Organisationen: Zusammenarbeit in Projektgruppen* (S. 353–366). Göttingen: Hogrefe.

Walvoord, A. A. G., Redden, E. S., Elliott, L. R. & Coovert, M. D. (2008). Empowering followers in virtual teams: Guiding principles from theory and practice. *Computers in Human Behavior, 24,* 1884–1906.

Wegge, J. (2003). Heterogenität und Homogenität in Gruppen als Chance und Risiko für die Gruppeneffektivität. In S. Stumpf & A. Thomas (Hrsg.), *Teamarbeit und Teamentwicklung* (S. 119–141). Göttingen: Hogrefe.

Wegge, J. (2004). *Führung von Arbeitsgruppen.* Göttingen: Hogrefe.

Wegge, J. & Haslam, S. A. (2003). Group goal setting, social identity and self-categorization: Engaging the collective self to enhance group performance and organizational outcomes. In S. A. Haslam, D. van Knippenberg, M. J. Platow & N. Ellemers (Eds.), *Social identity at work: Developing theory for organizational practice* (pp. 43–60). New York: Taylor & Francis.

Wegge, J., Roth, C., Neubach, B., Schmidt, K.-H. & Kanfer, R. (2008). Age and gender diversity as determinants of performance and health in public organization: The role of task complexity and group size. *Journal of Applied Psychology, 93,* 1301–1313.

Wegge, J. & Schmidt, K.-H. (2009). The impact of age diversity in teams on group performance and health. In A. Antoniou, C. L. Cooper, G. P. Chrousus, C. D. Spielberger & M. W. Eysenck (Eds.), *Handbook of managerial behavior and occupational health* (pp. 79–94). Cheltenham, UK: Edward Elgar Publishing.

West, M. A. (1990). The social psychology of innovation in groups. In M. A. West & J. L. Farr (Eds.), *Innovation and creativity at work* (pp. 309–333). Chichester: Wiley.

West, M. A. (1996). Reflexivity and work group effectiveness: A conceptual integration. In M. A. West (Ed.), *Handbook of work group psychology* (pp. 555–579). Chichester: Wiley.

West, M. A. (2001). The human team: Basic motivations and innovations. In N. Anderson, D. S. Ones, H. K. Sinangil & C. Viswesvaran (Eds.), *Handbook of industrial, work & organizational psychology* (Vol. 2, pp. 270–288). London: Sage.

West, M. A. (2002). Sparkling fountains or stagnant ponds: An integrative model of creativity and innovation implementation in work groups. *Applied Psychology: An International Review, 51,* 355–387.

West, M. A. (2004). *The secrets of successful team management. How to lead a team to innovation, creativity and success.* London: Duncan Baird Publishers.

West, M. A. (2012). *Effective teamwork: Practical lessons from organizational research* (3rd ed.). Oxford: Blackwell.

West, M. A., Borril, C. S. & Unsworth, K. L. (1998). Team effectiveness in organizations. In C. L. Cooper & I. T. Robertson (Eds.), *International Review of Industrial and Organizational Psychology* (Vol. 13, pp. 1–48). Chichester: Wiley.

West, M. A., Brodbeck, F. C. & Richter, A. W. (2004). Does the „Romance of Teams" exist? The effectiveness of teams in experimental and field settings (Commentary). *Journal of Occupational and Organizational Psychology, 77,* 467–473.

West, M. A., Guthrie, J. P., Dawson, J. F., Borrill, C. A. & Carter, M. (2006). Reducing patient mortality in hospitals: The role of human resource management. *Journal of Organizational Behavior, 27,* 983–1002.

West, M. A., Hirst, G., Richter, A. & Shipton, H. (2004). Twelve steps to heaven: Successfully managing change through developing innovative teams. *European Journal of Work and Organizational Psychology, 13,* 269–299.

West, M. A. & Markiewicz, L. (2004). *Building team-based working.* Oxford: Blackwell.

West, M. A., Tjosfold, D. & Smith, K. G. (2003). (Eds.). *International handbook of organizational teamwork and cooperative learning.* Chichester: Wiley.

Wieseke, J., Ullrich, J., Christ, O. & van Dick, R. (2007). Organizational identification as a determinant of customer orientation in service firms. *Marketing Letters, 18,* 265–278.

Williams, K. D., Karau, S. J. & Bourgeois, M. J. (1993). Working on collective tasks: Social loafing and social compensation. In M. A. Hogg & D. Abrams (Eds.), *Group motivation: Social psychological perspectives* (pp. 130–148). London: Harvester.

Praxis der Personalpsychologie

Hrsg. von Heinz Schuler · Rüdiger Hossiep · Martin Kleinmann und Werner Sarges

Band 25: 2011, VI/101 Seiten,
■ ISBN 978-3-8017-2326-2
▣ E-Book € 21,99 / CHF 29,99

Band 26: 2012, VI/84 Seiten,
■ ISBN 978-3-8017-2009-4
▣ E-Book € 21,99 / CHF 29,99

Band 27: 2012, VIII/132 Seiten,
■ ISBN 978-3-8017-2392-7
▣ E-Book € 21,99 / CHF 29,99

Weitere Bände der Reihe:

Scherm/Sarges **360°-Feedback** ISBN 978-3-8017-1483-3 · Rauen **Coaching** ISBN 978-3-8017-2137-4 · Kleinmann **Assessment-Center** ISBN 978-3-8017-1493-2 · Nerdinger **Kundenorientierung** ISBN 978-3-8017-1476-5 · van Dick **Commitment und Identifikation mit Organisationen** ISBN 978-3-8017-1713-1 · Kühlmann **Auslandseinsatz von Mitarbeitern** ISBN 978-3-8017-1495-6 · Rummel/Rainer/Fuchs **Alkohol im Unternehmen** ISBN 978-3-8017-1885-5 · van Dick/West **Teamwork, Teamdiagnose, Teamentwicklung** ISBN 978-3-8017-2481-1 · Hossiep/Mühlhaus **Personalauswahl und -entwicklung mit Persönlichkeitstests** ISBN 978-3-8017-1490-1 · Kanning **Soziale Kompetenzen** ISBN 978-3-8017-1775-9 · Becker/Kramarsch **Leistungs- und erfolgsorientierte Vergütung für Führungskräfte** ISBN 978-3-8017-1928-9 · Schmidt/Kleinbeck **Führen mit Zielvereinbarung** ISBN 978-3-8017-1491-8 · Schuler/Görlich **Kreativität** ISBN 978-3-8017-2028-5 · Regnet **Konflikt und Kooperation** ISBN 978-3-8017-1737-7 · Nerdinger **Unternehmensschädigendes Verhalten erkennen und verhindern** ISBN 978-3-8017-1971-5 · Hossiep/Bittner/Berndt **Mitarbeitergespräche – motivierend, wirksam, nachhaltig** ISBN 978-3-8017-1717-9 · Kals/Ittner **Wirtschaftsmediation** ISBN 978-3-8017-2016-2 · Lohaus **Leistungsbeurteilung** ISBN 978-3-8017-2090-2 · Krumm/Schmidt-Atzert **Leistungstests im Personalmanagement** ISBN 978-3-8017-2080-3 · Felfe **Mitarbeiterführung** ISBN 978-3-8017-2082-7 · Felser **Personalmarketing** ISBN 978-3-8017-1723-0 · Freimuth **Moderation** ISBN 978-3-8017-1969-2 Lohaus **Outplacement** ISBN 978-3-8017-2210-4 · Krause **Trends in der internationalen Personalauswahl** ISBN 978-3-8017-1473-4

Die Reihe zur Fortsetzung bestellen:

Bestellen Sie jetzt die Reihe »Praxis der Personalpsychologie« zur Fortsetzung und Sie erhalten alle Bände automatisch nach Erscheinen zum günstigen Fortsetzungspreis von je € 19,95 / CHF 28,50.
Sie sparen mehr als 20% gegenüber dem Einzelpreis von € 24,95 / CHF 35,50.

Hogrefe Verlag GmbH & Co. KG
Merkelstraße 3 · 37085 Göttingen · Tel.: (0551) 99950-0 · Fax: -111
E-Mail: verlag@hogrefe.de · Internet: www.hogrefe.de

Erich H. Witte
Gruppen aufgabenzentriert moderieren

Theorie und Praxis

2012, 170 Seiten,
€ 29,95 / CHF 39,90
- ISBN 978-3-8017-2289-0
- E-Book € 26,99 / CHF 37,99

Zahlreiche Aufgabenstellungen können nur in Gruppen bearbeitet werden. Welche Besonderheiten bei der Moderation von Gruppen zu beachten sind, um je nach Aufgabenstellung qualitativ hochwertige Gruppenleistungen zu erzielen, wird in diesem Band dargestellt. Beginnend mit der Moderation von Routinebesprechungen und der Moderation von Gruppen, die einfache bzw. komplexe, dynamische Probleme lösen sollen, wird im Folgenden u.a. auf die Besonderheiten der Moderation von Projektgruppen, von Kreativgruppen, von Ethikkommissionen und von Konfliktgruppen eingegangen.

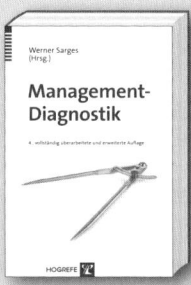

Werner Sarges (Hrsg.)
Management-Diagnostik

4., vollst. überarb. u. erw. Aufl. 2013,
ca. 1.100 Seiten, geb.,
ca. € 129,– / CHF 174,–
- ISBN 978-3-8017-2385-9
- E-Book ca. € 109,99 / CHF 159,99

Die vollständig überarbeitete und erweiterte 4. Auflage des erfolgreichen Handbuchs liefert mit 128 Beiträgen renommierter Autorinnen und Autoren aus Wissenschaft und Praxis einen einzigartigen Überblick über den aktuellen Stand der Management-Diagnostik. Weder in Europa noch in den USA gab und gibt es eine vergleichbare, umfassende Zusammenschau der Probleme und Möglichkeiten psychologischer Diagnostik für das besondere Anwendungsgebiet des Managements, d.h. der Eignungsdiagnostik zur Potenzialfeststellung, Auswahl und Platzierung von Führungskräften.

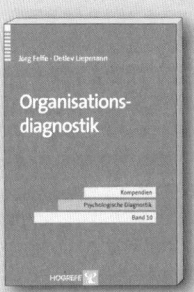

Jörg Felfe
Detlev Liepmann
Organisationsdiagnostik

(Reihe: »Kompendien Psychologische Diagnostik«, Band 10)
2008, 140 Seiten,
€ 24,95 / CHF 35,50
- ISBN 978-3-8017-1702-5
- E-Book € 21,99 / CHF 29,99

Das Buch gibt einen Überblick darüber, wie die Komplexität organisationalen Geschehens erfasst werden kann. Vorrangige Strategie ist hierbei die Integration der individuellen Ebene (Erleben, Befinden und Verhalten), der Gruppenebene (Team, Kommunikation, Interaktion) sowie der organisationalen Ebene (Struktur, Kontext, Kultur). Die exemplarisch vorgestellten Erhebungsinstrumente berücksichtigen sowohl historisch gut eingeführte und erprobte Verfahren als auch neuere Entwicklungen. Der Band vermittelt zudem einen Einblick in die wichtigsten Anwendungsfelder und Strategien, bei denen Organisationsdiagnostik erforderlich ist.

Michaela Eggers
Helge Johannes Baudis
talkSignals

Das Feedbackinstrument zur Verbesserung der Kommunikation in Meetings, Teambesprechungen und Zweiergesprächen

2004, 200 Signalkarten, Leitfaden, Block mit 80 Memoblättern und Box, € 99,95 / CHF 135,–
- ISBN 978-3-456-83723-9

talkSignals sind ein Feedbackinstrument zur Verbesserung der Kommunikation in Meetings, Konferenzen und Besprechungen zwischen einzelnen Personen oder Gruppen bzw. Teams. Das Kommunikationsverhalten der Gesprächsteilnehmer/-innen wird während der Gesprächssituation durch Symbole visuell dargestellt. Auf diese Weise erfahren die Teilnehmer/-innen, wie ihr Verhalten von anderen wahrgenommen wird. Gleichzeitig verbessert sich das Kommunikationsverhalten automatisch durch Beobachtung und mehr Aufmerksamkeit.

Hogrefe Verlag GmbH & Co. KG
Merkelstraße 3 · 37085 Göttingen · Tel.: (0551) 99950-0 · Fax: -111
E-Mail: verlag@hogrefe.de · Internet: www.hogrefe.de